Ronald Schweppe · Aljoscha Long

seelenverwandt

Ronald Schweppe · Aljoscha Long

seelenverwandt

Weisheitsgeschichten
und Meditationen über die
Kraft der Freundschaft

Kösel

Sollte diese Publikation Links auf Webseiten Dritter enthalten, so übernehmen wir für deren Inhalte keine Haftung, da wir uns diese nicht zu eigen machen, sondern lediglich auf deren Stand zum Zeitpunkt der Erstveröffentlichung verweisen.

Wir haben uns bemüht, alle Rechteinhaber an den aufgeführten Zitaten ausfindig zu machen, verlagsüblich zu nennen und zu honorieren. Sollte uns dies im Einzelfall nicht möglich gewesen sein, bitten wir um Nachricht durch den Rechteinhaber. Kapiteln vorangestellte Zitate können als Destillat des jeweils nachfolgenden Kapitels gelesen werden.

Penguin Random House Verlagsgruppe FSC® N001967

Copyright © 2022 Kösel-Verlag, München,
in der Penguin Random House Verlagsgruppe GmbH,
Neumarkter Str. 28, 81673 München
Umschlag: Weiss Werkstatt München
Umschlagmotive: © Shutterstock.com (Gusarova Art; Marish)
Schmuckillustrationen: © Marish/shutterstock.com (Paisley); © PRHVG (Sonne)
Redaktion: Dr. Diane Zilliges
Druck und Bindung: GGP Media GmbH, Pößneck
Printed in Germany
ISBN 978-3-466-34781-0
www.koesel.de

Inhalt

Vorwort 7

Vom Wert der Freundschaft 13
Freundschaft als Heilmittel? 16
Vertraue deiner Sehnsucht 19
Echte Freunde sind ein kostbarer Schatz 20
Das Gespenst der Einsamkeit 27

Freundschaft ist eine Entscheidung 33
Lenk deinen Fokus auf das Du 35
Vorsicht Freundschaftskiller 40

Freunde finden 44
Begegnungen möglich machen 45
Wenn du Angst vor Nähe hast 52
Eine Frage der Ausrichtung 58
Freundschaft mit sich selbst schließen 59
Freunde finden – aber wo? 68
Wenn Fremde zu Freunden werden 70
Freundschaften nicht auf Sand bauen 73

Den Garten der Freundschaft pflegen 82
Freundschaften lebendig halten 83
Achtsamkeit. Die Kunst, präsent zu sein 89
Mitgefühl. Die Kunst eines offenen Herzens 104
Miteinander reden, miteinander teilen 122
Faktoren der Verbundenheit 140

Verbunden im Universum 155
Vom Ich zum Du zum Wir 157
Die erwachte Gesellschaft 160
Verbundenheit üben 162

Ein paar Worte zum Abschied 167
Abschiedswunsch 168

Anhang
Literatur 169
Über die Autoren 171
Geschichtenübersicht 173
Übungsübersicht 174

Vorwort

Als der Kösel-Verlag vor einiger Zeit bei uns angefragt hat, ob wir nicht Lust hätten, ein Buch über die Kraft der Freundschaft zu schreiben, waren wir begeistert und dachten sofort: Klar – das machen wir! Immerhin schreiben wir ja nicht nur seit gut dreißig Jahren zusammen Bücher, sondern sind darüber hinaus sogar noch ein ganzes Weilchen länger miteinander befreundet. Das erste Handy war noch nicht in den Läden, als wir bereits gemeinsam Straßenmusik gemacht haben, Skifahren gegangen und durch die Wälder gezogen sind, wo wir über die wichtigen und weniger wichtigen Dinge des Lebens philosophiert haben. Was das Thema Freundschaft betrifft, kennen wir uns also ganz gut aus. Nicht einmal die Tatsache, dass wir seit Langem zusammenarbeiten, konnte unserer Freundschaft etwas anhaben. Dabei heißt es doch immer, dass man Freundschaft und Geschäftliches nicht vermischen soll. Schon möglich. Uns jedenfalls hat's nicht geschadet – ganz im Gegenteil: Im Laufe der Jahre ist unsere Freundschaft immer intensiver und zugleich harmonischer geworden, und wäre das nicht so, dann könnten wir dieses Buch hier wohl auch gar nicht schreiben.

Nach der ersten Euphorie über die Buchidee kam dann aber doch ein wenig Ernüchterung auf, denn natürlich haben wir uns gefragt, worüber wir denn nun eigentlich genau schreiben wollen. Darüber, dass Freundschaft Gold wert ist? Dass Menschen, die keine Freunde haben, zu vereinsamen drohen? Dass gute Freunde ein seltenes Geschenk sind? Sicher – aber wissen wir das alle nicht längst?

Wir glauben schon. Allerdings gibt es darüber hinaus doch einige wichtige Aspekte zum Thema Freundschaft, die weitaus weniger bekannt sind. Und die betreffen die eigentliche Essenz jeder Freundschaft. Um das Wesentliche zu entdecken, müssen wir allerdings etwas tiefer tauchen und uns sowohl die psychologischen als auch geistigen Gesetze der Freundschaft ansehen.

In den folgenden Kapiteln möchten wir dir zeigen, dass es viele Chancen gibt, neue Freundschaften einzugehen, alte zu pflegen und deiner Freundin oder deinem Freund näherzukommen. Gabriel José García Márquez schrieb einmal: »Ein wahrer Freund ist der, der deine Hand nimmt, aber dein Herz berührt.« Freunde, die dein Herz berühren, findest du jedoch nur, indem du dein eigenes Herz öffnest – indem du selbst zu einer guten Freundin oder einem guten Freund wirst. Und dass das nichts mit Anstrengung, sondern viel mit Achtsamkeit und Mitgefühl zu tun hat, können wir dir jetzt schon mal verraten. Manchmal wird es dir in diesem Buch möglicherweise so vorkommen, als wäre Freundschaft harte Arbeit oder als müsstest du erst dies und jenes verstehen oder entwickeln, bevor du fähig bist, tiefe Freundschaften zu leben. Doch nimm unsere Kapitel einfach als Anregungen dafür, was Freundschaften ausmacht, was sie so wichtig und wertvoll macht. Lass dich inspirieren und reflektiere, wo du in deinem Leben in Bezug auf freundschaftliche Verbundenheit stehst.

In eigener Sache

Wundere dich nicht, wenn wir manche Stellen in diesem Buch aus der Ich-Perspektive schreiben. Nach einem Blick auf das Buchcover wird dir klar sein, dass wir zwei Autoren sind. Trotzdem schreibt immer nur einer von uns an den jeweiligen Kapiteln. Wenn wir also gelegentlich in der Ich-Form schreiben, dann tun wir das, um unsere Erfahrungen mit dir zu teilen – nicht nur unsere gemeinsamen, sondern auch die, die jeder Einzelne von uns gemacht hat.

Es würde uns freuen, wenn auch du Lust hast, uns von deinen schönen oder weniger schönen Erfahrungen mit Freundinnen oder Freunden zu berichten. Über Instagram oder unsere Homepage kannst du uns gern jederzeit kontaktieren – wir freuen uns auf dich.

www.longschweppe.de
instagram.com/longschweppe

Wohin die Reise geht

Damit du weißt, was dich in diesem Buch erwartet, wollen wir dir hier einen kurzen Überblick geben. In den folgenden Kapiteln werden wir versuchen, einige Fragen zu beantworten, die wahrscheinlich jeden interessieren, der sich mit diesem Thema beschäftigt – zum Beispiel:

- Wie und wo kann ich neue Freunde finden?
- Was nützt es mir eigentlich, viel Zeit in Freundschaften zu investieren?
- Wie kann ich den Kontakt zu einer Freundin oder einem Freund intensivieren?
- Woher weiß ich, ob ich mich auch wirklich auf meine besten Freunde verlassen kann?
- Was gibt es für Stolperfallen, die selbst intensive Freundschaften ins Wanken bringen und sogar zerstören können?
- All das sind zweifellos wichtige Fragen. Vor allem aber wird es in diesem Buch noch um etwas anderes gehen – nämlich um das, was wir das »Herz der Freundschaft« nennen möchten. Gelegentlich gemeinsam einen Spaziergang zu machen, ein Glas Wein zusammen zu trinken oder Alltagsprobleme zu besprechen ist natürlich schön und wichtig – aber richtige Freundschaf-

ten können dir noch sehr viel mehr bieten: Sie können zu einem Weg zu innerem Wachstum und innerer Heilung werden, zu einem Weg, der dich auch zu dir selbst führt, dich erfüllt und deinem Leben mehr Sinn gibt.

Was ist es, das zwei (oder mehr) Menschen in ihrem Wesen zusammenführt und zusammenhält? Wie kannst du verhindern, dass deine Freundschaften einfach nur nebenher laufen und oberflächlich bleiben? Ist es überhaupt möglich, zu deinen Freund*innen einen Kontakt von Herz zu Herz herzustellen, und wenn ja: Was kannst du dazu beitragen?

In Form von kleinen Kapiteln, Meditationen und Geschichten möchten wir dich dazu einladen, über deine Freundschaften zu reflektieren und sie auf eine neue, bewusstere Stufe zu erheben. Ein guter Freund ist nicht jemand, der nur irgendwie zufällig unseren Weg gekreuzt hat, sondern viel mehr als das. Freunde – sofern sie diese Bezeichnung wirklich verdienen – sind zugleich Seelenverwandte. Und es ist wichtig, dass wir sie auch als solche erkennen.

Es gibt drei Wege, die es dir ermöglichen, das Wesentliche zu erkennen. Sie unterstützen dich darin, deine Freundschaften zu intensivieren und in deinen Freund*innen Seelenverwandte zu erkennen. Diese drei Wege sind:

1. *Der Weg der Achtsamkeit*: Geh achtsam mit deinen Freund*innen um – erkenne, dass sie wertvolle Schätze sind, die deine ganze Präsenz verdienen. Lerne, deinen Fokus bei all deinen Begegnungen auf das Jetzt auszurichten.

2. *Der Weg des Mitgefühls:* Lass dein Mitgefühl mehr und mehr erblühen – nicht nur im Umgang mit deinen Freund*innen, sondern auch dir selbst gegenüber. Begegne deinem jeweiligen Du freundlich und wohlwollend.

3. *Der Weg der Verbundenheit*: Werde dir deiner Verbundenheit bewusst – vor allem in Zeiten, in denen du dich einsam fühlst oder du den Kontakt zu anderen verloren zu haben glaubst. Erinnere dich daran, dass wir alle miteinander verbunden sind.

Wahre Freundschaft ist nicht selbstverständlich; sie ist nur etwas für Menschen, die bereit sind, nicht an der Oberfläche zu bleiben, sondern all ihre Möglichkeiten auszuschöpfen. Durch Achtsamkeit, Mitgefühl und Verbundenheit kannst du auf eine neue, intensivere Weise Kontakt zu anderen aufnehmen – ob zu deiner Familie, deinen Kolleg*innen oder eben auch zu deinen Freundinnen und Freunden.

Vom Wert
der Freundschaft

»Freundschaft verdoppelt unsere Freude
und halbiert unseren Schmerz.«

Marcus Tullius Cicero

Jeder von uns braucht auf seiner Lebensreise Freunde, die ihm zur Seite stehen. So wichtig es ist, den richtigen Weg in unserem Leben einzuschlagen, so wichtig ist es nämlich auch, dass wir mit den richtigen Menschen unterwegs sind.

Macht es dich auch immer so betroffen, wenn du liest, was Menschen, die im Sterben liegen, am meisten bereuen, wenn sie auf ihr Leben zurückblicken? Von wem, wenn nicht von Sterbenden, können wir so viel über die wirklich wesentlichen Dinge des Lebens lernen? Sie haben nichts mehr zu verlieren, müssen keine Rolle mehr spielen, sind frei von Erwartungen und haben ihre Pläne und Ziele losgelassen – ihr Blick ist sehr klar geworden. Sie können Dinge erkennen, die wir meist übersehen, da wir bis über die Ohren in unseren Alltagspflichten stecken. Und zu den Dingen, die Sterbende besonders oft bereuen, gehört, dass sie sich zu wenig Zeit für ihre Freunde genommen oder den Kontakt zu ihnen vernachlässigt haben.

Freunde sind natürlich besonders wichtig, wenn wir Krisen überwinden müssen, also in Augenblicken, wo alles zusammenbricht. In solch schwierigen Lebensphasen wenden sich die meisten von uns entweder an ihren Partner, ihre Partnerin oder an ihre beste Freundin oder ihren besten Freund. »Ein Freund in der Not, ein Freund im Tod, ein Freund im Rücken, das sind drei starke Brücken«. Kennst du dieses Sprichwort? Es spiegelt ganz gut wider, was uns wichtig ist: Wir wünschen uns einen Menschen, der uns beisteht, wenn alle Stricke reißen. In Zeiten der Not zeigt sich ja auch oft, ob wir uns auf unsere beste Freundin verlassen können und ob unser bester Freund wirklich für uns da ist.

Und doch wäre es schade, wenn wir in unseren Freund*innen nur Seelentröster sehen würden, denn in guten Freundschaften geht es natürlich um viel mehr. Unsere Freundschaften können zu einer zweiten Familie für uns werden – der Begriff »Seelenverwandte« deutet ja bereits darauf hin. Falls du nicht das Glück hast, Teil einer harmonischen, glücklichen Familie zu sein – und genau betrachtet haben nur sehr wenige Menschen dieses Glück –, dann kann dein Freundeskreis sogar zu einem Familienersatz werden. Und im Gegensatz zu Blutsverwandten haben Seelenverwandte den unschätzbaren Vorteil, dass wir sie uns selbst aussuchen können. Menschen, die aus belasteten Familienverhältnissen stammen, haben oft besonders viele gute Freunde. Jeder von uns braucht eben Menschen, denen er sich anvertrauen kann und denen er sich nah fühlt. Und dabei brauchen wir übrigens nicht nur Menschen, die *für uns* da sind – wir wollen auch *für andere* da sein können.

Wer ohne Partner*in lebt, dem bieten Freundinnen und Freunde oft die einzige Möglichkeit, sich aufgefangen und geborgen zu fühlen. Aber auch wenn du seit Längerem in einer Zweierbeziehung lebst, hast du bestimmt schon gemerkt, dass du noch andere nahestehende Menschen brauchst – ein soziales Netz, in dem du dich wohlfühlen kannst; vielleicht auch Menschen, die dir mehr Raum zum Atmen geben, als das oft bei deiner Partnerin oder deinem Partner der Fall ist. Wenn du Freunde hast, kannst du leichter ein gesundes Selbstbewusstsein entwickeln, da du dich wahrgenommen und verbunden fühlst. Und dabei ist es egal, ob du nun mit deiner Freundin über deine Partnerprobleme sprichst oder mit deinem Freund »nur« einen gemütlichen Abend auf dem Sofa verbringst und ihr euch gemeinsam einen schönen Film anschaut.

Der wahre Freund

Zwei Jungen aus edlem Hause wurden bei einem berühmten Meister erzogen und lernten die Weisheit der Alten. Sie waren beste Freunde, doch nachdem sie ihre Studien beendet hatten, trennten sich ihre Wege. Krishna folgte seinem Vater auf den Thron und wurde Raja eines kleinen Reiches. Raman hingegen lebte ärmlich in einem bescheidenen Haus, das schon recht baufällig war. Er hatte die Lehren der Weisen verinnerlicht und kein Interesse an materiellen Gütern. Er heiratete eine gute Frau, die ihn sehr liebte und ebenfalls keinen Wert auf Reichtümer legte. Nach ein paar Jahren hatten sie drei hübsche Töchter und lebten glücklich und zufrieden.

Als jedoch eine schwere Dürre über das ganze Land kam, gab es kaum noch Nahrung. Und Geld hatten sie nicht. Da sprach Ramans Frau: »Mein Lieber, dein Freund ist doch unermesslich reich. Kannst du nicht, der Kinder zuliebe, zu ihm gehen und ihn bitten, dir zu helfen?«

Erst zögerte Raman. Er wollte seinen Freund nicht um Geld anflehen. Doch seine Frau hatte ja recht – seinen Töchtern zuliebe wollte er es tun. Und so machte er sich auf die Reise, die einige Tage dauerte.

Als er vor dem Palast stand, wollten ihn die Wachen nicht zu Raja Krishna vorlassen. Daher bat er sie, ihm wenigstens die Nachricht zukommen zu lassen, dass Raman ihn besuchen wolle. Das taten die Wachen – und sogleich kam Krishna selbst und schloss seinen alten Freund in die Arme.

»Komm, lass mich dir den Palast zeigen!« Und er legte den Arm um Ramans Schultern, führte ihn umher, gab ihm die besten Speisen, ließ ihn auf dem Thron sitzen und wusch ihm als Zeichen der Freundschaft die Füße. »Verzeih, aber ich muss noch kurz etwas mit meinen Dienern besprechen«, sagt Krishna dann und ließ seinen Freund für kurze Zeit allein. Als Krishna wiederkam, lud er Raman ein, eine Nacht im Palast zu verbringen, da es schon spät geworden war.

Am nächsten Morgen bekam Raman so edle Speisen serviert, dass sie eines Königs würdig gewesen wären. Raman war von der Liebe des Freundes so überwältigt, dass er ganz vergaß, warum er gekommen war. Und schließlich war die Zeit des Abschieds da.

Erst als er auf dem Rückweg und fast schon zu Hause war, fiel es Raman wieder ein. Es war ihm peinlich, seinen reichen Freund nun noch ein zweites Mal aufzusuchen, und so näherte er sich schweren Herzens seinem Haus. Doch was war das? Raman musste sich die Augen reiben. Das Haus sah wie neu aus; die Risse in den Wänden waren ausgebessert, das Dach war frisch gedeckt – und seine Frau und seine Kinder liefen ihm entgegen, mit neuer Kleidung aus gutem Stoff. Erst staunte er, dann glaubte er, zu träumen, doch dann verstand er: Sein Freund hatte ihm gegeben, ohne dass er darum bitten musste, denn er hatte tief in sein Herz geschaut und Ramans Not erkannt.

Freundschaft als Heilmittel?

Wir schreiben in unseren Büchern meist über Themen wie Achtsamkeit, Mitgefühl oder Verbundenheit. Und natürlich sprechen wir auch mit unseren Bekannten über diese Dinge. Dabei ist uns aufgefallen, dass es immer wieder Leute gibt, die nach dem Nutzen fragen: »Was bringt es mir, achtsamer zu werden?« »Was hab ich denn davon, mehr Mitgefühl zu entwickeln?« Jede Wette, dass es nach der Veröffentlichung dieses Buches auch nicht lang dauern wird, bis uns jemand fragt, was es denn »nützt«, seine kostbare Zeit mit Freundschaften zu verbringen. Befassen wir uns also mal mit Nutzen und vermeintlicher Nutzlosigkeit.

Vom Nutzen der Nutzlosigkeit

Ein alter Zimmermann wanderte mit seinem Lehrling durchs Land, als sie an einer gewaltigen, alten, knorrigen, verwachsenen Eiche vorbeikamen, die am Rand eines Feldes stand. Nahe des Baumes stand eine Bank, auf der die beiden eine Rast einlegten. Der Lehrling betrachtete die Eiche neugierig und rief begeistert: »Oh, was könnten wir alles bauen, wenn wir nur das Holz dieses einen Baumes hätten!«

»Ach was – dieser missgestaltete Baum ist vollkommen nutzlos«, tadelte ihn der Meister. »Sein Holz taugt nicht zum Schiffsbau, da es schnell verrotten würde. Man kann keine Balken für ein Haus daraus machen – sie würden brechen. Mit diesem Baum kann man nichts Nützliches anfangen.«

Und so zogen die beiden schließlich weiter.

»Wie gut ist es doch, nutzlos zu sein. Nur weil ich keinen Nutzen habe, bin ich so alt geworden!«, dachte der Baum und freute sich seines Baumseins.

Auch wenn die Frage nach dem Nutzen für manche Menschen sehr wichtig zu sein scheint, wundern wir uns doch darüber. Freundschaften sind schließlich keine Autowaschanlagen. Und auch keine Kopfschmerztabletten ... obwohl: Wie Studien aus aller Welt zeigen, sind Freundschaften tatsächlich eine Art Heilmittel. Forscher konnten nachweisen, dass sie ganz konkret gegen vielerlei Beschwerden helfen können. Gute soziale Beziehungen erhalten unsere Gesundheit und erhöhen die Wahrscheinlichkeit, dass wir ein hohes Alter erreichen.

Wer seine Freundschaften pflegt, achtet allgemein besser auf sich, ist nicht so leicht gestresst und lebt sogar vernünftiger (wobei das natürlich immer auf die Art der Freundschaften ankommt ...).

Wer das Glück hat, gute Freunde zu haben,
- verringert sein Risiko, Herz-Kreislauferkrankungen zum Opfer zu fallen,
- kann Stress schneller abbauen und stressbedingten Erkrankungen vorbeugen,
- hat ein stärkeres Immunsystem und bessere Abwehrkräfte,
- bleibt bis ins hohe Alter nicht nur körperlich, sondern auch geistig fitter,
- erkrankt seltener an Depressionen. Dieser Effekt zeigt sich übrigens schon bei Kindern. Auch nur *eine* gute Freundin oder *ein* guter Freund genügt Kindern und Jugendlichen, um das Risiko, an einer Depression zu erkranken, deutlich zu senken.

Fehlender sozialer Rückhalt ist ähnlich schädlich für die Gesundheit wie Alkohol- oder Nikotinmissbrauch und Fettleibigkeit. Doch ganz so erstaunlich, wie die positiven Effekte von Freundschaften auf unser Wohlbefinden und unsere Gesundheit scheinen, sind sie eigentlich gar nicht. Wir Menschen sind nun mal soziale Wesen. Mit anderen Worten: Wir brauchen die Nähe zu unseren Mitmenschen, um glücklich und damit auch gesund sein zu können. Und wie Forscher aus dem Bereich der Positiven Psychologie herausgefunden haben, sind es sogar *vor allem* unsere sozialen Beziehungen, die uns glücklich machen.

Je engere Beziehungen wir zu unseren Freund*innen haben und je öfter wir sie treffen, desto größer ist der »medizinischen Nutzen«. Bei einer kanadischen Studie mit 25 000 Teilnehmern konnten Wissenschaftler zudem zeigen, dass die heilsamen Wirkungen unserer Beziehungen noch stärker sind, wenn wir unsere Freunde tatsächlich leibhaftig treffen, statt nur mit ihnen zu telefonieren oder zu chatten. Vermutlich ist das Hormon Oxytocin für die positiven Wirkungen auf Körper und Seele verantwortlich. Dieses »Kuschelhormon« wird vor allem durch menschliche Nähe gebildet – wobei du gar nicht mit deinen Freundinnen oder Freunden kuscheln musst, damit es freigesetzt wird. Eine Umarmung, ein gutes Essen oder schöne Musik, die die Sinne aktivieren – auch sie fördern die Ausschüttung dieses Hormons, das Vertrauen auf- und Ängste abbaut. Und auch wenn echter (Haut-)Kontakt durch nichts zu ersetzen ist, können sogar soziale Interaktionen per Internet dazu beitragen, die Oxytocin-Ausschüttung anzuregen, wenn wir wohlwollend und freundlich miteinander kommunizieren.

Vertraue deiner Sehnsucht

Hättest du gern mehr Freunde? Oder wünschst du dir, dass du wenigstens einen Menschen hättest, den du wirklich aus ganzem Herzen als deine Freundin oder deinen Freund bezeichnen kannst? Oder sehnst du dich vielleicht einfach nach mehr Nähe zu den Freund*innen, die du bereits hast?

Deine Sehnsucht ist sehr wichtig. Nimm sie ernst. Sie verrät dir, was dein Herz dir sagen will. Wenn du dich nach wahrer Freundschaft sehnst, wenn du Nähe und Verbundenheit vermisst, dann kannst du nämlich sicher sein, dass dein Herz etwas damit zu tun hat. »Sehnst« du dich hingegen nach einer Villa in Beverly Hills, wären wir eher vorsichtig. Hinter solchen Träumen von mehr Geld, einem schöneren Haus, einem besser bezahlten Job – ja sogar hinter Wunschträumen von der einsamen Insel ohne Büro, Chef und Finanzamt steht immer etwas anderes, sehr viel Wesentlicheres.

Unsere oberflächlichen Wünsche und Träume sind das eine – unsere tiefsten Sehnsüchte etwas ganz anderes. Ein Motorboot mag ja Spaß machen – glücklich kann es dich jedoch nicht machen. Achtsamkeit und Verbundenheit hingegen sind Wege, die direkt zu mehr Glück und Erfüllung führen. Und gerade die intensive Beziehung zu anderen Menschen, wie insbesondere zu deinen Freund*innen, bietet dir die Möglichkeit, achtsamer zu werden und mehr Verbundenheit zu erfahren.

Es gibt heute eine Menge Faktoren, die es uns schwer machen, wahre Freundschaften einzugehen. Doch auf der anderen Seite gibt es auch immer mehr Menschen, die sich nach Liebe sehnen – und das muss nicht immer die Liebe zwischen Mann und Frau sein, denn die bringt bekanntlich einige Probleme mit sich, von denen Freundschaften verschont bleiben. Wenn du dich nach Nähe zu (deinen) Freund*innen sehnst, dann vertraue deiner Sehnsucht; sie ist dein Kompass. Mach dich auf den Weg, das Geschenk der Freundschaft (wieder) zu entdecken.

Echte Freunde sind ein kostbarer Schatz

Wie erkennst du eine wahre Freundin, wer taugt zum besten Freund? Wahre Freunde sind die Menschen, die du um Hilfe bitten würdest, wenn du in Not bist; es sind die, bei denen du klingeln würdest, wenn ein Erdbeben deine Wohnung in Schutt und Asche gelegt hat und du nicht mehr weißt, wohin. Doch solche Freund*innen sind eher selten. Freunde aus Kinder- und Jugendtagen gehören nicht unbedingt dazu. Oft sind es nämlich nur die gemeinsamen Erlebnisse aus der Vergangenheit, also die Erinnerungen, die diese Freundschaften so besonders wertvoll erscheinen lassen.

Umfragen zufolge haben die meisten Menschen kaum mehr als drei, höchstens aber eine Handvoll enger Freunde, sofern sie überhaupt welche haben. Eine feste Freundin oder ein fester Freund – mehr braucht es meist nicht, damit wir uns verbunden und geborgen fühlen können. Ein Mensch, der mit uns durch dick und dünn geht, ist allemal mehr wert als tausend Facebook-»Freunde«. Bekanntschaften und flüchtige Freundschaften, wie sie meist im Alltag oder im Job entstehen, sind zwar auch wichtig, um ein stabiles soziales Netz zu knüpfen – vielleicht sogar wichtiger, als wir oft meinen. Aber dennoch: Eine intensive Freundschaft ist eben doch etwas sehr Besonderes, und es gibt nur sehr wenige Menschen, mit denen wir sie eingehen können.

Die Ansprüche, die wir (meist unbewusst) an eine enge Freundschaft stellen, sind hoch. Eine wahre Freundin sollte unsere Interessen teilen und bereit sein, sich ganz auf uns einzulassen. Ein wahrer Freund muss die gleichen oder zumindest sehr ähnliche Werte haben wie wir. Wir können sogar noch einen Schritt weiter gehen: Wonach wir nämlich im Grunde suchen, das ist eine Verbindung von Herz zu Herz. Am ehesten werden wir tiefe Verbundenheit mit Menschen erfahren können, die mit sich selbst im Reinen sind, die sich selbst gut ausstehen und auch uns gegenüber mal beide Augen zudrücken können. Und natürlich findet man die nicht an jeder Straßenecke.

Echte Freunde müssen aber trotzdem keine Heiligen sein – Gott bewahre! Viel wichtiger ist es, Seelenverwandte zu finden oder sie in den Menschen, mit denen du längst auf der gemeinsamen Reise bist, zu erkennen. Fehler oder Mängel, die wir oder unsere Freundinnen und Freunde haben, spielen keine Rolle. Worauf es ankommt, das ist die gemeinsame Basis – die gemeinsamen Wurzeln. Wenn sie stark sind, werden wir uns gegenseitig unterstützen und akzeptieren. Und auch mit Meinungsverschiedenheiten werden wir dann gut umgehen können, während sie die Freundschaften, die auf wackligeren Füßen stehen, leicht ins Wanken bringen.

Der ungerechte König
und die Macht der Freundschaft

König William war ungerecht, das meinten viele, aber nur wenige wagten, es auszusprechen. Patrick war jedoch einer, der es wagte – und prompt ließ ihn der König verhaften und verurteilte ihn zum Tode.

Patrick ergab sich in sein Schicksal und bat den König nur darum, dass er sich noch von seiner Frau und seinen Kindern verabschieden dürfe – sechs Stunden würde er für den Weg zu seinem Dorf und wieder zurück brauchen.

»Oh nein«, sprach der König. »Für wie dumm hältst du mich? Du würdest gewiss nicht wiederkommen.«

Alle Beteuerungen halfen nichts und der Scharfrichter begann schon, sein Beil zu schleifen. Da trat Robert, der beste Freund Patricks vor.

»Oh König, lasst mich Patricks Platz einnehmen, sollte er nicht zurückkommen.«

Der König zögerte kurz, doch dann willigte er ein; nicht ohne noch einmal zu betonen, dass Robert, falls Patrick nicht innerhalb der versprochenen sechs Stunden zurückkäme, seinen Kopf verlieren würde.

Patrick umarmte seinen Freund und versprach, ganz gewiss wiederzukommen. Dann lief er los, so schnell er nur konnte. Nach zwei Stunden war er zu Hause, verabschiedete sich unter vielen Tränen und Küssen von seiner Frau und seinen beiden Kindern. Drei Stunden hatte er noch. Wieder lief er, so schnell er konnte, damit er seinen Freund nicht in Gefahr brächte.

Als er jedoch über eine morsche Brücke rannte, brach sie zusammen. Beinahe wäre er ertrunken, doch er zog sich mit letzter Kraft am anderen Ufer an Land. Nun konnte er nicht mehr so schnell laufen, denn sein Bein war verletzt. Doch er musste es schaffen!

Mittlerweile war die Zeit fast vorüber und Robert wurde bereits auf den Richtplatz geführt. Schon hob der Henker das Beil, da stolperte Patrick auf den Platz und rief: »Halt! Ich bin zurück. Lasst Robert frei!«

Robert hatte sich schon damit abgefunden zu sterben – und er tat es *bereitwillig für seinen Freund, der ja, im Gegensatz zu ihm, Frau und Kinder hatte. Er rief: »Nein Patrick, geh nach Haus zu deiner Frau und deinen Kindern, die dich brauchen!«*

»Auf keinen Fall!«, rief Patrick und humpelte auf den Richtplatz. »Es ist meine Strafe. Ich kann nicht zulassen, dass mein Freund für mich stirbt.«

Der König runzelte die Stirn und sah die beiden an. Vielleicht war es nur der Staub oder die Sonne, doch in den Augen des Königs glänzte es. Er war überwältigt von der Kraft dieser Freundschaft und verkündete, dass beide Männer frei wären. Und als sich die zwei in die Arme fielen, stand der König auf, trat zu ihnen und fragte sie, ob sie bereit wären, seine Ratgeber zu werden.

Ob es nun an den neuen Ratgebern lag oder Zufall war? Fortan war der König nicht mehr als ungerecht bekannt und nach wenigen Jahren begann sein Volk sogar, ihn William den Gütigen zu nennen.

Aristoteles und die drei Arten der Freundschaft

Neben anderen Philosophen der Antike hat sich vor allem Aristoteles viele Gedanken zum Thema Freundschaft gemacht. Und er unterschied dabei grundsätzlich zwischen drei Arten:

1. *Freundschaft aus Nutzen:* Die Nutzenfreundschaft ist Aristoteles zufolge nur von kurzer Dauer. Zwei Menschen fühlen sich zueinander hingezogen, weil jeder etwas vom anderen braucht und bekommt. Eine gegenseitige Bedürfnisbefriedigung also – ein Tauschhandel, der nur so lange funktioniert, wie jeder für den anderen auch wirklich nützlich ist.
2. *Freundschaft aus Lust:* Auch diese Art der Freundschaft kann recht schnell enden. Im Mittelpunkt steht das Vergnügen – man will zusammen Spaß haben. Diese Variante der Freundschaft

können wir oft bei jungen Menschen beobachten, die einfach eine gute Zeit miteinander verbringen wollen – nicht weniger, aber eben auch nicht mehr.
3. *Die Charakter- oder Tugendfreundschaft:* Sie ist Aristoteles zufolge die einzig dauerhafte und echte Freundschaft. Die Freundinnen oder Freunde akzeptieren sich bedingungslos und wünschen sich gegenseitig nur das Beste. Die Verbindung ist von gegenseitiger Wertschätzung geprägt und entsprechend ist auch nur auf diese Art der Freundschaft wirklich Verlass. Die Tugendfreundschaft ist nicht Mittel zum Zweck, sondern sie genügt sich selbst.

Wie wir noch sehen werden, können wir auch oberflächliche Freundschaften in tiefere Verbindungen verwandeln, in dem wir mitfühlender und achtsamer handeln. Dann können sogar Zweckfreundschaften zu intensiven Beziehungen führen. Freundschaften aber, die auf Seelenverwandtschaft gründen, sind und bleiben sehr selten – und im Grunde suchen wir alle danach. Solltest du das Glück haben, eine oder gar mehrere richtige gute Freunde zu haben, dann hüte sie wie einen kostbaren Schatz, denn es gibt sehr viele Menschen, die diesen Schatz nicht besitzen und ihn schmerzlich vermissen.

»Freundschaft« versus »Seelenverwandtschaft«

Grundsätzlich bezeichnet »Freundschaft« ein Verhältnis zwischen Menschen, das durch gegenseitige Zuneigung, Sympathie und Vertrauen geprägt ist. So steht es zumindest im Lexikon. Ursprünglich bezog sich der Begriff »Freund« sowohl auf Freundschaft als auch auf Verwandtschaft. Sprachlich wurde in Deutschland noch bis ins 17. Jahrhundert hinein gar nicht zwischen Freunden und Verwandten, also zwischen angeborener oder erworbener Verbindung zweier Menschen unterschieden. Das althochdeutsche *friunt* bezeichnete einen vertrauten Menschen, mit dem man sich seelisch verbunden fühlt, und auch das mittelhochdeutsche *vriunt* stand sowohl für »Freund« als auch für »Nächsten« oder »Verwandten«. Der Begriff »Seelenverwandtschaft« scheint uns daher eine sehr passende Bezeichnung für eine enge Freundschaft zu sein.

Die Beziehung zu einer oder einem Seelenverwandten ist oft noch sehr viel intensiver als eine, die wir jemals zu unseren »richtigen« Verwandten haben können. Einen Seelenverwandten erkennst du schnell: Ihr habt in unterschiedlichen Situationen oft die gleichen Gedanken und Gefühle. Ihr seid auf einer Wellenlänge und versteht euch auch dann, wenn kaum ein Wort gesprochen wird. Manchmal wird eine gute Freundschaft ja auch als »eine Seele in zwei Körpern« bezeichnet. Wir erkennen uns selbst im anderen, teilen die gleichen Werte und haben die gleichen Interessen.

Vor allem ist ein Seelenverwandter ein Mensch, dem wir uns außergewöhnlich nah fühlen – und zwar unabhängig davon, ob wir uns regelmäßig sehen können oder über lange Zeit getrennt sind. Das Gefühl der Verbundenheit ist so stark, dass äußere Umstände oder selbst ein paar tausend Kilometer Abstand ihr nicht das Geringste anhaben können.

Getrennte Seelen

Als das Universum noch jung war, langweilten sich die Götter oft, kämpften miteinander, ließen Sterne explodieren und erschufen neue Dinge. Dann begannen sie damit, andere Wesen zu erschaffen, Fische, Frösche, Fledermäuse, Elefanten und schließlich auch Menschen, denkende und fühlende Wesen, beinahe wie sie, die Götter, selbst.

Nun käme zu unseren Zeiten natürlich kaum einer auf die Idee, die Menschen als göttergleich zu bezeichnen – doch die Menschen, die sei-

nerzeit von den Göttern geschaffen wurden, waren auch anders als die Menschen, die wir kennen. Sie waren voller Kraft und Schönheit, voller Güte und Klugheit. Drei Arten gab es von ihnen: die Androi, die besonders kraftvoll und mutig waren, die Gynoi, die durch ihre Güte und Schöpferkraft herausragten, und die Androgynoi, die sowohl kraftvoll und mutig, als auch voller Güte und Schöpferkraft waren. All diese Menschenwesen lebten in Frieden, Liebe und Verbundenheit. Und sie begannen, den Göttern gleich, Neues zu erschaffen. Ja, in vielerlei Hinsicht waren sie sogar besser und geschickter als die alten Götter.

Als die Götter das sahen, spürten sie etwas, das sie noch nie gespürt hatten: Angst. Doch sie waren auch stolz auf ihr Meisterwerk und wollten das Menschengeschlecht nicht einfach vernichten – was durchaus in ihrer Macht gelegen hätte. Lange Zeit beratschlagten sie, bis sie schließlich einen Einfall hatten: Sie würden die Seelen der Menschen halbieren. Aus der Seele eines Androi würden zwei Männer werden, aus den Seelen der Gynoi zwei Frauen und aus jenen der Androgynoi ein Mann und eine Frau.

So geschah es dann auch.

Die Menschen waren nun nicht mehr so kraftvoll, schön, klug und gütig. Sie begannen sogar, gegeneinander zu kämpfen und zu streiten – denn die Götter hatten ihnen auch die Erinnerung an ihren früheren Zustand genommen. Die Streitereien und Kämpfe der neuen Menschen amüsierten die Götter sehr, und sie waren zufrieden und hatten keine Angst mehr vor den Menschen.

In den Menschenseelen jedoch war trotz der Trennung ein Funke der Sehnsucht geblieben – und seither sehnt sich jeder Mensch danach, seine zweite Hälfte zu finden. Denn wenn sich zwei Seelen finden, die zueinander gehören, entsteht etwas Wunderbares, das sogar die Götter erzittern lässt.

Das Gespenst
der Einsamkeit

Niemand von uns ist gern allein. Wir alle sehnen uns nach Kontakten. Nicht umsonst hat Aristoteles den Menschen als »zoon politikon«, als ein soziales, auf Gemeinschaft angelegtes und Gemeinschaft bildendes Wesen bezeichnet.

Es ist gar nicht so lange her, da waren die meisten Menschen noch Teil einer Dorfgemeinschaft. Als kleine Kinder saßen sie auf dem Schoß ihrer Großmutter oder vielleicht sogar Urgroßmutter. Ein nigerianisches Sprichwort lautet: »Es braucht ein ganzes Dorf, um ein Kind aufzuziehen.« Früher hat das auch bei uns sehr gut funktioniert. Wir waren stärker in Gemeinschaften eingebunden – ob in der Kirche, bei der Freiwilligen Feuerwehr, beim Kaffeekränzchen oder im Schützenverein. Es gab ständig gute Gelegenheiten, Freundschaften zu schließen. Heute scheint das schwieriger zu sein.

Ob die gute alte Zeit wirklich so perfekt war, sei mal dahingestellt – trotzdem ist es offensichtlich, dass sich viele Menschen heute sehr einsam fühlen, und dafür gibt es ja auch einige Gründe:

- Immer mehr Menschen leben in der Großstadt – in den letzten hundert Jahren hat sich die Zahl der Menschen, die in Städten wohnen, vervierfacht. Gleichzeitig werden die Haushalte immer kleiner.
- Die Anonymität der Masse ist oft ernüchternd. Während wir uns umgeben von Menschenmengen durch die Straßen oder Einkaufszentren quälen, gibt es kaum noch wirkliche Begegnungen. Sogar der Kontakt zu Freunden und Verwandten bricht oft ab.
- Scheidungen und Trennungen sind längst normal. Die Zahl der Singles nimmt stetig zu und ebenso – wen wundert's – die Zahl der Alleinerziehenden.

- Vor allem ältere Menschen leben immer öfter allein. Erst recht in Großstädten.
- Nicht nur Ältere fühlen sich isoliert und einsam, sondern auch junge Erwachsene und Teenager leider immer öfter darunter, niemanden mehr zum Reden zu haben. Sie beklagen, dass die meisten Gleichaltrigen auf Nimmerwiedersehen in die digitale Welt abgetaucht sind. Statt mit ihren Freunden um die Häuser zu ziehen, verbringen viele Kinder und Jugendliche ihre Zeit lieber vor dem Computer oder Smartphone, was aber tendenziell einsam und unzufrieden macht.
- Einsamkeit macht krank.

Einsamkeit ist längst zu einer Art Epidemie geworden. Mediziner reden sogar von einer neuen Volkskrankheit. Wer einsam ist, lebt gefährlich. Einsamkeit verursacht Stress, und Stress ist das Einfallstor für eine ganze Reihe körperlicher und seelischer Probleme – wahrscheinlich sogar für die allermeisten.

Studien zeigen, dass Einsamkeit unser Immunsystem schwächt und unser Hormonsystem aus dem Gleichgewicht bringt. Ärzte beobachten seit Langem, dass Menschen, die sich einsam fühlen, besonders häufig unter Schlafstörungen, Depressionen, Diabetes, Bluthochdruck oder Herzkreislauferkrankungen leiden. Sie sind anfälliger für Infekte, und gerade bei älteren Menschen erhöht Einsamkeit sogar das Sterberisiko erheblich. Es scheint ganz so, als ob ein gutes soziales Netz eine Art übergeordnetes Immunsystem ist, in dem jede »Zelle« – also jeder Teil der Gemeinschaft – die anderen schützt.

Gelegentlich einmal einsam zu sein ist ganz normal und sogar wichtig für unsere Entwicklung. Sich jedoch dauerhaft vom Gespenst der Einsamkeit terrorisieren zu lassen, ist alles andere als gesund – und statt unsere Entwicklung zu fördern, hemmt chronische Isolation unser inneres Wachstum. Es ist also offensichtlich, dass wir etwas dagegen unternehmen sollten. Aber was?

Einsamkeit –
ein Bewusstseinszustand

Die schädlichen Auswirkungen der Einsamkeit auf unsere Gesundheit und unser seelisches Gleichgewicht sind zu groß, als dass wir sie einfach so hinnehmen dürfen. Neue Freunde kennenzulernen oder den Kontakt zu alten zu intensivieren, ist ein möglicher Weg heraus aus dem Schneckenhaus.

Falls du oft einsam bist, ist das ja vielleicht der Grund dafür, warum du dieses Buch überhaupt liest. Vielleicht wünschst du dir eine gute Freundin oder einen Freund, damit du nicht mehr so allein bist. Aber was kannst du konkret tun?

Ein häufiger Rat gegen Einsamkeit lautet ja, dass wir aktiv werden sollten. Und tatsächlich ist es auch wichtig, Schritte nach außen zu unternehmen und Kontakt mit anderen Menschen aufzunehmen. Auch in diesem Buch wirst du dazu noch einiges lesen. Um dauerhafte Veränderungen zu bewirken, solltest du dich jedoch in erster Linie deinem Inneren zuwenden.

Einsamkeit ist kein Schicksal, sondern ein *Bewusstseinszustand* – also weniger etwas, das mit den äußeren Umständen zusammenhängt als vielmehr mit unserer Perspektive und unserer inneren Haltung. Wir können noch so viele Menschen um uns versammeln, noch so viele Freunde haben – wenn unser Blickwinkel nicht stimmt, werden wir uns dennoch einsam fühlen.

Es gibt Biografien bekannter Schriftstellerinnen, Komponisten oder Malerinnen, die ständig in großen Künstlerkreisen verkehrten und viele Freundschaften genossen – und die sich trotzdem vollkommen einsam und verlassen fühlten. Umgekehrt gibt es Menschen, die sehr zurückgezogen leben, ja sogar Einsiedler, die in ihrer Höhle sitzen und sich nicht nur nicht einsam fühlen, sondern darüber hinaus sogar außerordentlich zufrieden und heiter sind. Und weißt du, woran das liegt? Daran, dass es gar nicht der Mangel an Gesellschaft ist, der uns einsam macht – sondern einzig und allein der *Mangel an Verbundenheit*. Solange du dich nicht innerlich mit anderen verbunden fühlst, wirst du immer Schwierigkeiten haben, wirklich gute Freundinnen oder Freunde zu finden.

Der Grund für unsere Einsamkeit besteht nur sehr selten darin, dass wir zu wenige oder die falschen Leute treffen, sondern darin, dass wir den Zustand der Einsamkeit in uns nähren – und natürlich tun wir das nicht bewusst. Dieser Zustand geht mit einer ganzen Reihe von Gefühlen und Gedanken einher. Wenn du dich unzulänglich, unverstanden und ungeliebt fühlst, wirst du dich natürlich auch einsam fühlen. Ebenso, wenn deine Glaubenssätze – also die Worte, die du dir innerlich sagst – beispielsweise lauten: »Mich mag sowieso keiner«, »Ich bin zu langweilig und uninteressant, als dass jemand mein Freund werden möchte«, »Ich werde immer allein sein« oder gar: »Es ist doch sowieso alles sinnlos«. Einsamkeit entsteht auch, wenn wir Angst vor Nähe haben oder es uns schwerfällt, anderen zu vertrauen. Und auch die Erwartung, dass die anderen den ersten Schritt tun sollten, und der Frust, der dann folgt, wenn sie das nicht tun, nährt den Zustand der Einsamkeit.

Was also tun? Durch äußere Veränderungen wirst du den Zustand der Isolation nicht durchbrechen können. So sinnvoll es beispielsweise ist, einem Verein beizutreten oder dich ehrenamtlich zu engagieren – glücklich wirst du dabei nur werden, wenn du zugleich auch deine Sichtweise veränderst. Vielleicht kennst du ja unser Buch *Die 7 Geheimnisse der Schildkröte*. An einer Stelle sagt Kurma, die weise Schildkröte: »Kümmere dich nicht zu sehr um das Außen – kümmere dich lieber um dein Inneres. Wer das Äußere nutzt, um sein Inneres in Harmonie zu bringen, wird nicht weit kommen. Nutze besser das Innere, um das Äußere zu verwandeln.« Das gilt auf jeden Fall auch, wenn es um Freundschaften geht.

Der folgende Gedanke erscheint dir vielleicht etwas ungewöhnlich – aber lass ihn mal probehalber auf dich wirken: *Du bist nicht einsam, weil du keine Freunde hast, sondern du findest keine Freunde, weil dich der Zustand der Einsamkeit von anderen trennt.*

Der einsame kleine Stern

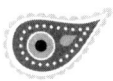

Es ward einst auf unserer Erde ein kleiner Stern geboren. Es war ein herrlicher Sommertag. Doch das Sternchen fühlte sich einsam und allein, da es doch ganz anders war als die Wesen unserer Erde. Es suchte im Meer nach Anverwandten, doch da fand es nur einen Seestern. Es suchte auf den Gipfeln der Berge, doch da fand es nur einen Schneestern. Es suchte in den tiefsten Höhlen, doch da war es im Finstern und fand gar nichts.

Traurig legte sich das Sternchen auf eine grüne Wiese und blickte auf zum blauen Himmel. Und als es eine Weile geblickt hatte, wurde es allmählich dunkel am Himmel. Da leuchteten Tausende von Sternen und riefen dem Sternchen fröhlich zu: »Wir waren immer da, doch du konntest uns nicht sehen. Wie riefen nach dir, doch du konntest uns nicht hören. Doch nun hörst und siehst du uns!«

Und das kleine Sternchen lachte und war froh, und sein Herz wurde glühend warm, denn nun wusste es, dass es nicht allein war, niemals allein gewesen war und nie mehr allein sein würde. Es schwang sich hinauf in den Himmel und tanzte mit seinen vielen Brüdern und Schwestern den Tanz der Galaxien.

Drei Wege aus der Einsamkeit

Der Ausweg aus der Einsamkeit besteht weder darin, dir oder anderen die Schuld für deinen Zustand zu geben, noch darin, zum »Bettler« zu werden. Du musst nicht um Kontakt oder Nähe betteln, und erst recht musst du dich nicht ängstlich an andere klammern. Was immer du nämlich bei ihnen suchst – sie können es dir sowieso nicht geben, solange du es dir nicht selbst gibst.

Es gibt drei Wege, die sehr effektiv sind, wenn du anderen wirklich näherkommen und Freunde gewinnen willst. Eigentlich sind es keine einzelnen Wege, zwischen denen du dich entscheiden musst, sondern alle drei müssen zusammenwirken. Sie bilden sozusagen einen großen Weg. Die drei Wege bestehen darin,

- dass du konkrete Schritte unternimmst, um optimale Bedingungen zu schaffen, damit Freundschaften entstehen können. Dazu gehört, dass du herausfindest, wie und wo man neue Kontakte knüpfen kann oder wie man Freundschaften lebendig hält.
- dass du dir deine innere Verbindung zu anderen Menschen bewusst machst – dass du lernst, diese Verbundenheit nicht nur in deinem Kopf zu verstehen, sondern sie vor allem auch in deinem Herzen zu spüren.
- dass du den Weg der liebevollen Achtsamkeit kennenlernst und damit beginnst, freundlicher und achtsamer mit dir selbst und deinen jetzigen oder möglicherweise zukünftigen Freund*innen umzugehen.

Auf jeden dieser drei Wege werden wir noch ausführlich zu sprechen kommen. Zunächst ist es aber höchste Zeit, eine Entscheidung zu treffen …

Freundschaft
ist eine Entscheidung

»Das Schlimmste in allen Dingen
ist die Unentschlossenheit.«

Napoleon Bonaparte

Durch jede deiner Entscheidungen veränderst du dein Leben, und Unentschlossenheit (vor der schon Napoleon warnte) hindert dich daran, dich zu entscheiden. Entscheidungen sind immer dann wichtig, wenn du auf etwas Einfluss nehmen kannst. Dem Wetter ist es egal, wie du dich entscheidest – das macht sowieso, was es will. Wenn du dich hingegen dafür entscheidest, nicht mehr zu rauchen oder am Wochenende weniger zu arbeiten, kannst du dein Leben dadurch sehr konkret verändern. Dabei haben deine Entscheidungen nicht nur einen weitreichenden Einfluss auf deine Gesundheit und deinen Körper, sondern auch auf deine Lebensfreude, ja sogar auf dein Glück. Und natürlich auch auf die Art deiner sozialen Beziehungen.

Vielen Menschen ist gar nicht klar, dass man sich auch für Dinge wie Gelassenheit, innere Ruhe, Zufriedenheit oder Mitgefühl entscheiden kann. Und eigentlich sollte man das unbedingt tun, wenn man sein Leben bewusst gestalten will. Während meiner Ausbildung zum Achtsamkeitslehrer ist mir zum ersten Mal so richtig klar geworden, dass Achtsamkeit nicht vom Himmel fällt, sondern dass man sich bewusst dafür entscheiden muss, achtsamer zu leben. Und wenn du eine gute Freundin oder ein guter Freund sein und eine intensive Beziehung eingehen willst, musst du dich auch dafür bewusst entscheiden.

Wenn du unzufrieden mit der Beziehung zu einer Freundin oder einem Freund bist, wenn du das Gefühl hast, dass sich deine Freund*innen rar machen oder du in deinen Freundschaften nicht glücklich bist, dann entscheide dich dafür, das zu ändern. Ein Freund ist ein Mensch, den du zu deinem Freund erwählst: »Ja, ich will mit ihr/ihm befreundet sein!«

Du musst bereit sein, für deine Freundschaften zu kämpfen. Du musst bereit sein, auch einmal zurückzustecken oder über deinen Schatten zu springen. Die Entscheidung für eine Freundschaft schließt auch ein, dass du bereit bist, öfter mal das Telefon in die Hand zu nehmen und deinen Freunden mehr Zeit zu schenken, wenn sie dich brauchen – und sei es auch mitten in der Nacht.

»In guten wie in schlechten Zeiten … bis dass der Tod euch scheidet« – es ist tatsächlich ein wenig wie bei einer Eheschließung. Es braucht zwar keinen Ring und schon gar keine Kirche, aber ein Ja-Wort – ein inneres Ja, das von Herzen kommt – das braucht es eben schon. Klare Entscheidungen oder »Bekenntnisse« sind das, was wir heute mehr als je zuvor brauchen, um nicht der Beliebigkeit zum Opfer zu fallen und die Orientierung zu verlieren.

Dadurch, dass du eine Entscheidung für deine Freundschaft triffst, bekommt deine Beziehung eine ganz neue Qualität. Vielleicht willst du eine neue Freundin finden, vielleicht auch nur deine bisherigen Freundschaften bereichern – so oder so gelingt dir das nur, wenn du dich für Wertschätzung, Ehrlichkeit und Offenheit entscheidest. Sobald du selbst den ersten Schritt machst, um den anderen mit mehr Achtsamkeit und Mitgefühl zu begegnen, werden sie auch dir gegenüber offener und mitfühlender sein. Wie man in den Wald hineinruft, so schallt es bekanntlich heraus. Auf das »Gesetz der Resonanz« ist Verlass, auch wenn es manchmal eine Weile dauert, bis wir die Wirkungen unseres Denkens, Fühlens und Handelns erkennen können.

Die Unkrautgärtnerin

Der Garten der alten Witwe sah eigentümlich aus. Auf der sonnenabgewandten Seite des Hauses wucherte Unkraut; vorn, an der sonnenzugewandten Seite wuchsen Blumen. Nun, das war aber nicht das Eigentümliche, sondern dies: Das Unkraut gedieh prachtvoll, es wucherte und war wohlgenährt; der Blumengarten hingegen bot einen tristen Anblick. Die wenigen Blumen sahen kraftlos aus und ließen die Köpfe hängen.

Endlich überwand ein Nachbar seine Scheu; seine Neugierde war zu stark. Als er der Alten begegnete, fragte er daher: »Liebe Frau, verzeiht mir bitte, wenn ich frage. Aber sagt mir doch einmal, wie kann es sein, dass in Eurem Hintergarten das Unkraut so kraftvoll wuchert, aber die schönen Blumenbeete in eurem Vordergarten brachliegen und welken?«

Sie sah ihren Nachbarn an und nickte traurig. »Ja, mit Eurer Beobachtung habt Ihr wohl recht, Herr Nachbar. Es ist traurig, aber wahr. Das kommt vermutlich daher, dass ich meinen Garten täglich gieße, das Wasser jedoch nicht ausreicht. Ich trete zur Hintertür hinaus, mit zwei großen Eimern Wasser. Doch nachdem ich den Hintergarten gewässert habe, bleibt für die Blumenbeete vorn nichts übrig, und dann bin ich zu erschöpft, um die Eimer erneut zu füllen.«

Lenk deinen Fokus auf das Du

Ein Grund dafür, dass Freundschaften oft nicht »funktionieren«, dass sie auseinanderbrechen oder dass es gar nicht erst gelingt, eine freundschaftliche Beziehung mit einem anderen einzugehen, liegt darin, dass es uns schwerfällt, andere Menschen wirklich wahrzunehmen. Die meiste Zeit des Tages kreisen wir um unsere eigenen Probleme. Jeder von uns hat seine eigenen Sorgen und

Nöte – und da bleibt kaum Zeit, unsere Aufmerksamkeit auf den Menschen zu richten, der uns gegenübersitzt.

In Beziehungen, und erst recht in so intimen Beziehungen wie in einer guten Freundschaft, ist es allerdings wichtig, dass wir lernen, nicht nur auf uns selbst zu achten, sondern unseren Fokus auf das Du zu verlagern. Wenn du deine Achtsamkeit wohlwollend auf einen Freund richtest, machst du ihm das wertvollste Geschenk, das möglich ist. Und es kann eine ganz neue Dimension des Miteinander entstehen – der andere fühlt sich ernstgenommen und spürt, dass du für ihn da bist. Es entsteht ganz von selbst eine engere Verbundenheit zwischen euch.

Auf den ersten Blick mag es so aussehen, als ob es selbstlos wäre, dich ein Stück weit zu vergessen und dich deinem Du zuzuwenden. Doch im Grunde tust du damit auch sehr viel für dich. Nicht zuletzt fühlt es sich sehr gut an, für jemand anderen da zu sein. Der Dalai Lama sagte einmal, dass es eine besonders kluge Form des Egoismus ist, an andere zu denken, da wir selbst am meisten davon profitieren. Und tatsächlich konnte in Studien nachgewiesen werden, dass sich unsere Stimmung stark verbessert, wenn wir uns weniger auf uns selbst, als mehr auf den anderen Menschen fokussieren. Indem du dich deinen Freunden zuwendest, rücken deine eigenen Probleme in den Hintergrund.

Richte deinen Fokus auf deine Freunde

An sich ist es sehr einfach, deinen Fokus auf das Du zu richten – zumindest theoretisch: Bleib offen und freundlich, nimm dir genug Zeit, deine Freundin oder deinen Freund wirklich wahrzunehmen, und hör zu, ohne das Gesagte innerlich zu kommentieren, zu kritisieren oder zu verurteilen.

Wenn du das versuchst, wirst du merken, dass es gar nicht so einfach ist, wach und zugleich gelassen zu bleiben. Doch jede Begegnung mit Menschen, die dir nahestehen, bietet dir die Chance, es zu üben. Nutze am besten gleich die nächste Gelegenheit:

- Lass dein Denken zur Ruhe kommen und atme einige Male tief und ruhig durch, wenn du mit einer Freundin oder einem Freund zusammen bist. Wende dich ihr oder ihm freundlich zu. Versuche, den anderen einfach nur so wahrzunehmen, wie er ist. Schalte ganz von »Senden« auf »Empfangen« um.

- Schau genau hin, hör genau zu und versuche auch zu erspüren, in welcher Stimmung dein Gegenüber ist. Kannst du dein Herz ganz öffnen? Kannst du dich auf die Gefühle des Freundes einlassen und spüren, was ihm möglicherweise auf der Seele liegt?

- Du musst dabei nichts »tun«. Du musst keine Tipps geben, ja noch nicht einmal kommentieren. Du musst dich nicht schuldig oder unzulänglich fühlen. Du bist auch nicht für die Gefühle anderer verantwortlich. Es genügt vollkommen, einfach da zu sein – nicht nur körperlich, sondern auch mit deiner Seele.

Fridolins Reise

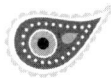

Fridolin war voller Trübsinn. Die anderen jungen Menschen um ihn herum waren lustig und aktiv und erzählten stolz von ihren Liebesabenteuern. Fridolin aber hatte nichts zu erzählen. Er hatte keine wirklichen Freunde und erst recht keine Liebschaften. So begab er sich auf eine Wanderung durch das Land. Mit seinem Leben hatte er schon abgeschlossen; er wusste nur nicht, ob er sich in den Bergen in einen Abgrund stürzen oder in einem großen Strom ertrinken wollte.

In solche düsteren Gedanken versunken, wanderte er durch einen dunklen, verrufenen Wald, als er mit einem Mal ein altes Weiblein sah, *das auf einem Baumstumpf hockte.* Voller Mitleid näherte er sich der Alten und fragte: »Gute Frau, habt ihr euch verlaufen? Seid ihr hungrig oder durstig? Hier, nehmt ein wenig von meinem Brot, und hier ist auch ein Fläschchen Wein.«

Da blickte das Weiblein auf und lächelte verschmitzt. »Fridolin, du bist ein guter Kerl. Mir geht es gut und ich bin hier im Wald zu Hause. Aber gern teile ich mit dir Wein und Brot. Doch sag: Was bewegt dich. Ich sehe, dass du nicht glücklich bist.«

Fridolin staunte ob dieser Worte. So schwer es ihm fiel, die Alte ernst zu nehmen, so war sie doch so freundlich, dass er Zutrauen zu ihr fasste und ihr sein Leid klagte: »Ich will nicht mehr leben. Ich habe keinen Freund und keine Freundin – weil ich nicht stattlich, reich oder charmant bin.« Er ließ den Kopf hängen.

»Nun, was willst du denn?«, fragte die alte Frau und sah ihn gütig an. »Gutes Aussehen, Reichtum, Charme? Oder fällt dir doch etwas Besseres ein?« Fridolin musste nicht lange überlegen. »Ja«, rief er. »Ich wünsche mir nicht solche oberflächlichen Dinge. Ich wünsche mir, dass jeder mein Freund ist, ich wünsche mir, dass mich alle lieben.«

»Ach, Fridolin«, sagte die Alte und schüttelte den Kopf. »Ich glaube nicht, dass dir dieser Wunsch guttut. Aber nun gut – so sei es.«

Nun konnte Fridolin nicht mehr an sich halten und brach in lautes Lachen aus. Die Alte tat ja gerade so, als könne sie ihm seine Wünsche erfüllen. Doch als er wieder um sich sah, war das Weiblein wie vom Erdboden verschluckt.

»Was für ein seltsamer Tagtraum!«, dachte Fridolin. Und doch fühlte er sich nicht mehr ganz so traurig und ging munteren Schrittes voran. Als er einigen Wanderern begegnete, begrüßten sie ihn freundlich, verwickelten ihn in Gespräche und luden ihn zu sich nach Hause ein. »Seltsam«, dachte Fridolin, der dergleichen nicht gewohnt war; die meisten Menschen nahmen ihn sonst kaum wahr.

Gern ließ er sich einladen, und alle hingen an seinen Lippen. Die Männer wollten seine Freunde sein, und alle Mädchen machten ihm schöne Augen. Allmählich begriff Fridolin, dass das Waldweiblein ihm wohl tatsächlich seinen Wunsch erfüllt hatte. Er genoss es. Wohin er auch ging, schlossen Männer – Bauern wie auch Reiche und sogar Adlige – Freundschaft mit ihm. Und jede Frau war ihm zu willen.

Ganz allmählich jedoch, erst kaum spürbar, dann immer deutlicher, kam Fridolins Traurigkeit zurück. All diese Menschen liebten doch nicht wirklich ihn, sondern den Zauber, den ihm das Waldweiblein verliehen hatte. Um keinen Freund musste er sich bemühen, um keine Frau werben. Sein Leben fühlte sich immer grauer und bedeutungsloser an. Früher hatte er immerhin die Sehnsucht nach Liebe und Freundschaft gehabt – doch jetzt waren diese Dinge wertlos und schal.

In aller Frühe, noch bevor die Sonne aufging, schlich sich Fridolin fort von all seinen vielen neuen Freunden und Freundinnen. Er würde wieder in den Wald zurückkehren und dort sterben. Doch kaum war er im Wald angekommen, trat hinter einem Baum das Waldweiblein hervor.

»Dummer Bub«, sagte es und lächelte traurig. »Dein Wunsch war gut gemeint. Er ging in die richtige Richtung, aber es war doch nicht der rechte. Möchtest du es nicht noch ein zweites Mal versuchen?«

»Nein, lieben Dank«, sagte Fridolin. »Ich habe genug. Ich will nicht mehr leben, weil ich die Menschen nicht mehr liebe.«

Da lachte die Alte. »Ach wo – dann wünsch dir doch genau das!«

»Was?«

»Nun, dass du die Menschen liebst!«

Fridolin lachte bitter. »Willst du mir diesen Wunsch gewähren? Das wird dir nicht gelingen, denn ich habe die Menschen nicht mehr gern. Das kannst du auch mit all deiner Zauberkraft nicht verändern. Versuch es nur!« Und voller Selbstmitleid schlug er sich die Hände vor die Augen und weinte. Als er aufblickte, war das Weiblein weit und breit nicht mehr zu sehen.

Fridolin schüttelte den Kopf. »Schade, dass sie verschwunden ist. Sie war doch sehr freundlich zu mir. Und es war ja nicht ihre Schuld, dass ich ihre erste Gabe nicht zu nutzen wusste.« Wiederum war sein Herz ein wenig leichter geworden. Er dachte an seine Eltern, seine Geschwister und an seine Mitstudenten – da waren nette Burschen dabei. »Warum war ich nur immer so abweisend?«

Mit kräftigen Schritten machte er sich auf den Weg nach Hause. Die Menschen, die ihm begegneten, grüßten ihn nicht; manche waren misstrauisch und die Mädchen sahen ihn nicht mehr mit glühenden Augen nach. Doch immer häufiger wurden sein freundliches Lächeln und seine mitfühlenden Worte erwidert. Und als er in seiner Heimatstadt angekommen war, konnte er von den vielen freundlichen Menschen, die ihm begegnet waren, berichten.

»Reisen verändern die Leute!«, sagten die, die ihn kannten. »Der Fridolin ist doch ein netter Bursche.«

Fridolin war voller Freude. Wie schön war es doch, die Menschen zu lieben und nicht nur geliebt zu werden. Wie viel besser war es doch, seine Mitmenschen zu schätzen und sich um sie zu bemühen, als auf ihre Zuwendung zu warten. Wie viel sinnvoller war es doch, für sein Glück zu kämpfen, als ein Leben lang auf das Glück zu hoffen!

Vorsicht Freundschaftskiller

Entscheidungen fallen uns oft sehr schwer, denn sich für eine Sache zu entscheiden, bedeutet ja automatisch immer auch, dass wir uns gegen eine andere entscheiden. Wir können eben nicht alles haben. Wenn du dich entscheidest, weniger Überstunden zu machen, entscheidest du dich für mehr Gesundheit und Wohlbefinden – aber zugleich wirst du dann weniger Geld verdienen. Der Philosoph Baruch de Spinoza sagte, dass jede Entscheidung eine Verneinung sei.

Wenn du dich *für* eine gute Freundschaft entscheidest, solltest du dich gegen alles entscheiden, was so eine Freundschaft nicht zulässt. Dabei solltest du dich vor allem gegen Freundschaftskiller entscheiden. Damit meinen wir Faktoren, die es uns schwer oder unmöglich machen, in unseren Freundschaften Nähe, Wärme und Vertrauen aufzubauen.

Der Erzfeind jeder Beziehung ist Egoismus, der sich zum Beispiel in Geltungsdrang, Machtstreben, Neid oder Rechthaberei ausdrückt. Solange wir auf uns selbst und unseren Vorteil fixiert sind, ist es gar nicht möglich, Freunde wirklich wahrzunehmen und die Schönheit zu erkennen, die in der gegenseitigen Verbundenheit liegt. Die oder der andere wird dann zur Kulisse – zur Hintergrundmusik für unser Solo.

Es ist natürlich klar, dass wir alle mehr oder minder starke egoistische Tendenzen haben – jeder ist sich schließlich selbst der Nächste. Sogar die beste, verbindendste Absicht wird dich nicht gänzlich von eigennützigen Gedanken befreien – mach dir also keinen Stress und versuch bloß nicht, eine Heilige oder ein Heiliger zu werden. Wichtig ist nur, dass die grobe Richtung stimmt. Und dabei sollte dir einfach nur klar sein, dass es umso schwieriger für dich wird, dich auf das Wir einzulassen, je mehr dein Denken und Fühlen um dein Ich kreist.

Lass uns einige Hindernisse betrachten, die sich aus der jeweiligen Lebenssituation ergeben und schon manch eine wunderbare Freundschaft zerstört haben.

Karriere über allem

Wir leben in einer Leistungsgesellschaft, und das bekommen die meisten von uns schon zu spüren, kaum dass sie ihre Schultüte in der Hand halten. Von Kindheit an werden wir darauf programmiert, Erfolg zu haben. Und so stecken wir oft unsere ganze Zeit in Studium, Ausbildung und Karriere. Wir wollen einen guten Job ergattern und viel Geld verdienen. Und insofern das mit unseren inneren Werten übereinstimmt, ist das auch vollkommen okay.

Allerdings muss uns bewusst sein, dass wir nur eine begrenzte Zeit zur Verfügung haben. Je mehr Zeit wir darin investieren, die Karriereleiter zu erklimmen, desto weniger Zeit bleibt für Freunde übrig. Und übrigens auch für viele unserer eigenen Bedürfnisse, wie etwa das Bedürfnis, das Leben zu genießen, sich zu entspannen oder herauszufinden, wohin unser Herz eigentlich wirklich will.

Was sind deine Prioritäten?

Nimm dir etwas Zeit und beantworte nur für dich selbst einmal die folgenden Fragen. Du kannst das gedanklich tun oder dir ein Blatt Papier holen: Schreib die Fragen dann auf und lass unter jeder Frage genug Platz für eine kurze Antwort.

- Sind Arbeit und Entspannung bei dir im Gleichgewicht? Oder ist deine Work-Life-Balance nicht ausgeglichen?
- Was ist das Wesentliche für dich?
- Hast du das Gefühl, dass deine Freundschaften durch deinen Job oder dein Studium zu kurz kommen?
- Welche Freundin oder welcher Freund fällt dir ein, mit der oder dem du gern mehr Zeit verbringen würdest?
- Schließe kurz die Augen und stelle dir vor, du hättest einen Monat frei und genug Zeit, zu tun, was du willst. Was würdest du gern mit einer Freundin oder einem Freund unternehmen? Tauchen Bilder vor deinem inneren Auge auf?
- Check deine Prioritäten: Job, Familie, Freunde – nummeriere von 1 bis 3. (Hierbei ist es völlig egal, was bei dir auf welchem Platz landet – es geht nur darum, Klarheit zu gewinnen.)

Familie oder Freunde?

Ebenso wie die Karriere kann auch die Familie und insbesondere die Familiengründung zu einem Freundschaftskiller werden. Und ebenso wie wir nie auf die Idee kämen, dir zu raten, deinen Job hinzuwerfen, werden wir uns hüten, dir zu empfehlen, deine Familie zu vernachlässigen. Alfred Adler, der Begründer der Individualpsychologie, vertrat die Ansicht, dass wir unser Leben auf drei Säulen aufbauen müssen, um Erfüllung und Sinn zu finden: Freundschaft, Arbeit und Liebe. Auch nur eine dieser Lebensaufgaben zu vernachlässigen, kann fatale Auswirkungen auf unsere seelische Gesundheit haben. Kann – muss aber nicht. Einige unserer Freunde sind Singles und nicht gerade in einer glücklichen Familie aufgewachsen, und trotzdem sind sie erfüllt, ruhen in sich und sind glücklich. Und sicher lässt es sich auch ohne Arbeit ganz gut aushalten, sofern es genug Dinge gibt, die uns begeistern. Dennoch – im Normalfall ist es tatsächlich sinnvoll, sein Leben auf allen drei Säulen aufzubauen. Wenn eine der Säulen zu dick wird, können die anderen leicht in sich zusammenfallen, und dann wird das Ganze instabil. Es kommt daher nicht selten vor, dass unsere Freundschaften zerbrechen, wenn wir heiraten und eine Familie gründen. Am Anfang einer neuen Liebe ist es natürlich völlig normal, dass sich das Paar nur noch mit sich selbst beschäftigen will. Dauert dieser Zustand allerdings zu lange an oder willst du deine Freunde beziehungsweise Freundinnen nur noch im Doppelpack mit deinem Partner treffen, dann geht etwas sehr Wertvolles verloren. Und wenn die Paarbeziehung dann irgendwann abkühlt oder ins Straucheln gerät, ist es vielleicht zu spät, alte Freundschaften wiederzubeleben.

In welcher Lebensphase du dich auch befinden magst – vergiss deine Freundinnen und Freunde nicht. Denk daran, dass dir wahre Freunde auch noch dann zur Seite stehen werden, wenn alles andere zusammenbricht. Distanziere dich nie zu sehr von ihnen.

Freunde finden

»Zwei Freunde müssen sich im Herzen ähneln,
in allem anderen können sie grundverschieden sein.«

Sully Prudhomme

Einen Menschen zu finden, der dir im Herzen ähnelt, und bei dem du dich angenommen und verstanden fühlst, ist ein großes Glück. Manche von uns haben dieses Glück, andere scheinen da eher Pech zu haben. Aber am besten verlässt du dich weder auf dein Glück noch auf den Zufall, denn beide haben letztlich sehr viel mehr mit dir selbst zu tun, als du im Moment vielleicht glaubst. Dieses Kapitel ist für dich, wenn du dich nach einem guten Freund, einer guten Freundin sehnst, dich aber eher allein fühlst.

Hin und wieder gibt es so etwas wie Freundschaft auf den ersten Blick – genauso, wie es Liebe auf den ersten Blick gibt. Das spontane Gefühl der Zusammengehörigkeit ist zwar etwas Wunderbares, aber leider ist es nur selten von Dauer – und das gilt für Freundschaften ebenso wie für Liebesbeziehungen. Freundschaften, die langsam wachsen, sind meist viel stabiler, und falls du nicht gerade zu den Menschen gehörst, die sich sehr schnell »entzünden« und an jeder Straßenecke neue Leute kennenlernen, ist das gut zu wissen.

Stille Wasser sind tief – und Menschen, die in die Tiefe gehen, nehmen sich gern etwas mehr Zeit, um sich auf Freundschaften einzulassen und ihre Freunde genauer kennenzulernen. Aber leider gibt es auch Menschen, denen es so schwerfällt, Freundschaften einzugehen, dass sie viel zu lange und manchmal sogar ihr ganzes Leben lang allein bleiben. Doch so weit willst du es ja sicher nicht kommen lassen, oder?

Begegnungen möglich machen

Du kannst Freundschaften nicht erzwingen. Wenn du dich nach einer Freundin oder einem Freund sehnst, solltest du dich natürlich auch auf die Suche machen, aber wenn du zu stark auf das Suchen fixiert bist, wirst du dich nur verkrampfen. Das ist wie bei der Meditation – je mehr du deinen Kopf zur Ruhe bringen willst, desto verrückter werden die Gedanken, die in deinem Geist herumschwirren. Entspannung ist nichts, was du »machen« kannst – du musst loslassen, damit Entspannung passieren kann. Auch in Bezug auf neue Freundschaften besteht die bessere Strategie darin, loszulassen und den Dingen die Chance zu geben, in Erscheinung zu treten.

Worum es vor allem geht, ist, dass du gute Voraussetzungen schaffst, damit Verbundenheit entstehen kann. Indem du optimale äußere und innere Bedingungen herstellst, erhöhst du die Wahrscheinlichkeit für freundschaftliche Begegnungen enorm. *Äußere Bedingungen* bedeutet, dass du zum Beispiel Orte aufsuchst, wo sich die zu dir passenden Menschen aufhalten; *innere Bedingungen* heißt, dass du auf deine innere Haltung achtest.

Offen bleiben

Wenn du dir wünschst, Menschen zu treffen, die dich auf deinem Lebensweg begleiten, dann mach dir das auch ganz bewusst. Sehnst du dich nach Austausch? Hast du Interesse daran, andere wirklich näher kennenzulernen und dich von ihnen inspirieren zu lassen? Dann geh es nicht halbherzig an, sondern formuliere für dich ganz deutlich: »Ja, ich will eine neue Freundin (oder einen neuen Freund) kennenlernen.« Bekenne dich zu deinem Wunsch. Erst dann kannst du dich wirklich auf den Weg machen und den Boden für Begegnungen bereiten.

Die wohl wichtigste Eigenschaft, die es dir ermöglicht, neue Freunde zu gewinnen, ist Offenheit. Offenheit beinhaltet, dass du neugierig bist, was andere Menschen zu sagen haben, und dass du Lust hast, herauszufinden, wie sie wohl ticken. Offen zu sein bedeutet auch, dass du dich darum bemühst zu verstehen, wie es der oder dem anderen geht, und dass du mutig genug bist, das Gewohnte loszulassen und deine Komfortzone zu verlassen.

Dabei geht es nicht darum, dich zu verbiegen oder deine Meinung aufzugeben – aber grundsätzlich solltest du bereit sein, erst einmal Ja zu sagen, auch wenn dir am anderen manches zunächst fremd erscheint. Was du möglicherweise brauchst, ist mehr *Mut zur Berührung* – im weitesten Sinne; also den Mut, dich von anderen innerlich berühren zu lassen. Dazu ist es hilfreich, deine innere Haltung von »Abwehren« auf »Andocken« umzustellen und zu lernen, mit für Gelegenheiten offenen Augen durchs Leben zu gehen. Neben Offenheit ist dabei auch Achtsamkeit entscheidend, denn sie hilft dir, auf entspannte Weise nach Verbundenheit Ausschau zu halten und diese auch zu erkennen, statt sie, wie es leider so oft passiert, zu übersehen.

Die Wette

In der schäbigsten Wirtschaft der Stadt saßen drei Arme beisammen und teilten sich einen Krug Bier. Zwei jammerten über ihre Armut, der dritte, Anton, zuckte nur mit den Schultern und trank den Krug leer. Als der Alkohol seine Wirkung tat – und das ging schnell, da sich die drei nicht eben oft ein Bier leisten konnten – sprach Anton: »Lasst uns eine Wette machen. Wer von uns in drei Tagen am meisten Geld zusammenbekommt, wird zum König der Taugenichtse erklärt und wird von Stund an von den anderen mit ›Eure Majestät‹ angesprochen!« Bernhard und Christoph lachten und schlugen ein.

»Doch stehlen und rauben ist verboten!«, sagte Bernhard.

»Und arbeiten auch!«, ergänzte Christoph.

»Abgemacht!«, rief Anton.

Anton machte sich auf den Weg. Er riss ein Loch in seine Hose, brach einen Ast von einem Baum, um ihn als Krücke zu benutzen, setze eine Augenklappe auf ein Auge und humpelte in die Einkaufsmeile. Dort stand er, ein Bild des Jammers, gebeugt und verbeult, und flehte die Passanten um Almosen an.

Bernhard hingegen wusch und kämmte sich und begab sich in die Prachtmeile der Stadt, wo er Ausschau nach Herrschaften hielt, die freigebig aussahen. Er verbeugte sich tief und machte Komplimente, und wenn er abgewiesen wurde, gab er nicht auf, sondern folgte den möglichen Gönnern, ständig dienernd und bittend.

Christoph hingegen verbrachte den ersten Tag nur damit, seine Kleidung zu säubern und zu plätten, lieh sich einen Zylinder, machte sich aus einer zerbrochenen Brille ein Monokel und band sich eine Fliege um. Am folgenden Tag nahm er einen Stuhl und begab sich damit ins Theaterviertel. Er setzte sich auf den Stuhl, mit geradem Rücken und klarem Blick, und lächelte die Vorbeigehenden freundlich an. Manche beachteten ihn nicht, manche lächelten zurück und einige blieben stehen. Mitunter wurde er gefragt, was er denn hier tue?

»Ach, nicht viel. Ich beobachte die Menschen und vielleicht schreibe ich ein Buch über meine Beobachtungen – mal sehen. Wer möchte, kann gern meine Arbeit unterstützen, doch ehrlich gesagt ist das nicht nötig, da es immer genug Spender für die Offenherzigen gibt.« Und er lächelte freundlich – ganz gleich, ob die Menschen nun den Kopf schüttelten und gingen, ob sie ihm Glück wünschten oder aber darauf bestan-

den, in seinen Spenderkreis aufgenommen zu werden.

Am Abend des dritten Tages trafen sich die drei Freunde wieder in der alten Wirtschaft. »Nun?«, fragte Anton. »Wie ist es euch ergangen? Ich habe drei Tage den Krüppel gespielt. Das war ganz schön anstrengend und jetzt tut mir der Rücken weh – aber ich habe ganz ordentliche Einnahmen.« Er leerte seine Tasche auf den Tisch, und es war ein beachtlicher Haufen kleiner Münzen.

Bernhard grinste. »Ich glaube, ich habe durch meine Beharrlichkeit doch etwas mehr erreicht. Viele haben mir etwas gegeben, nur um mich loszuwerden.« Und auch er leerte seine Taschen. Es waren zwar weniger Kupfermünzen, doch dafür waren auch ein paar Silberstücke dabei. Nun sahen sie Christoph gespannt an. Der sagte: »Ach, lasst gut sein – und nennt mich einfach ›Eure Majestät‹.« Grinsend holte er ein paar Goldstücke aus seiner Tasche; das war nicht alles, was er bekommen hatte, aber doch mehr, als alle Münzen der beiden anderen zusammen.

Anton und Bernhard machten große Augen. »Wie habt Ihr das angestellt, Eure Majestät?«

Christoph zuckte mit den Schultern. »Ach, ich habe nur auf einem Stuhl gesessen und darauf vertraut, dass die Menschen, die bereit dazu sind, mir etwas geben würden. Ich bin jedem freundlich begegnet, habe die Leute neugierig beobachtet und mich von ihrer Großzügigkeit überraschen lassen.«

Die beiden anderen sahen ihn etwas misstrauisch an, doch Seine Majestät war großzügig und ließ Bier und Braten kommen. So speisten die drei wie schon lange nicht mehr und ließen Seine Majestät hochleben.

Warte nicht auf die perfekten Freunde

Den perfekten Mann, die perfekte Frau, den perfekten Job – wenn es etwas gibt, was uns das Leben unnötig schwer macht, dann ist es unsere Suche nach Perfektion. Nichts und niemand ist perfekt. Perfektion ist nur ein unsinniges, unrealistisches Traumgebilde. Und doch können wir's einfach nicht lassen, in allen Bereichen unseres Lebens nach dem Ultimativen Ausschau zu halten.

Umfragen in den USA haben ergeben, dass die meisten Menschen deutlich zu hohe Erwartungen an Freundschaften haben. Wir erwarten, dass in einer Freundschaft alles hundertprozentig passt und es keine Probleme gibt, dass der oder die andere immer für uns da ist und sein letztes Hemd oder ihre letzte Bluse für uns opfern würde. Ziemlich unrealistisch, stimmt's? Und doch gilt das für all unsere Idealvorstellungen, ganz egal ob es um Partner, Jobs oder Freunde geht.

Das, was ist, (die Wirklichkeit) und das, was wir gern hätten, (das Ideal) sind zwei Paar Schuhe. Und wenn du uns fragst, kommst du mit dem ersten Paar besser durchs Leben, auch wenn diese Schuhe vielleicht nicht so schön glänzen. Je größer deine Erwartungen, desto größer ist die Chance, dass das Leben sie nicht erfüllen wird – und natürlich auch die Freundschaft nicht. Vollkommen offen zu sein heißt, keine Erwartungen zu haben und sich immer wieder überraschen zu lassen. Wo keine Erwartungen sind, da können auch keine Enttäuschungen auftreten.

Wenn du den einen großen Goldschatz suchst, wirst du die kleine Goldmünze am Straßenrand leicht übersehen. Wenn du nach der perfekten Freundin oder dem perfekten Freund suchst, wirst du auf den »durchschnittlichen« Menschen, der möglicherweise einmal ein sehr guter Freund sein könnte, gar nicht erst zugehen. Und so verpasst du eine wundervolle Gelegenheit, denn einen guten Freund an deiner Seite und eine kleine Goldmünze in deiner Tasche zu haben, ist mehr als genug, um glücklich zu sein.

Mut zum ersten Schritt

Die Angst vor dem ersten Schritt hindert uns oft daran, unsere Ziele zu erreichen und unsere Möglichkeiten auszuschöpfen. Dabei ist es ja völlig klar: Wer den ersten Schritt nicht tut, der tut auch den zweiten nicht – wenn du nicht losgehst, kannst du niemals ankommen.

Es gibt viele Gründe dafür, warum wir uns nicht trauen, den ersten Schritt auf Menschen zuzugehen, die wir nicht kennen. Letztlich läuft es aber immer auf Hemmungen oder Angst hinaus. Ängste und Hemmungen zu haben ist ganz normal. Niemand kommt gern aus seiner Deckung heraus – zumindest gilt das für uns Erwachsene. Kinder haben da weitaus weniger Probleme. Wenn es darum geht, den ersten Schritt zu machen, können wir von ihnen eine Menge lernen. Im Kindergarten und auch noch in der Grundschule kann man oft beobachten, wie Kinder hemmungslos aufeinander zugehen und Sachen sagen wie: »Kann ich mitspielen?« oder »Wollen wir Freunde sein?« Auf so eine Idee kommen wir spätestens als Teenager nicht mehr, denn ab da ist es uns sehr wichtig, was die anderen wohl über uns denken könnten.

Wir haben Angst, zurückgewiesen zu werden, bei anderen nicht gut anzukommen, uns zu blamieren – und so bleiben wir lieber in unserem Schneckenhaus sitzen oder reden uns ein, dass wir ja ohnehin keine Lust haben, neue Leute kennenzulernen.

Aber wovor haben wir eigentlich Angst? Was haben wir schon wirklich zu verlieren? Mit einem Nein sollten wir doch gelassen umgehen können. Es gibt eben Menschen, die nicht offen sind – das brauchen wir nicht persönlich zu nehmen. Wenn du Angst hast, dich zu blamieren, dann nimm diese Angst achtsam wahr. Sag dir, dass es völlig okay ist, Angst oder Hemmungen zu haben. Aber: Geh einfach trotzdem auf andere zu. Mut heißt nicht, keine Angst zu haben, sondern etwas zu tun, obwohl man Angst davor hat.

Mit der Zeit wird es viel leichter. Solange du versuchst, vor deinen Ängsten wegzulaufen, werden sie immer die Macht über dich behalten. Sobald du dich ihnen aber stellst, verlieren sie ihre Kraft. Das ist wie mit den Monstern in unseren Albträumen: Die werden auch immer furchterregender, solange wir vor ihnen fliehen. Aber hast du im Traum schon einmal versucht, stehen zu bleiben, dich umzudrehen, dein Monster anzugrinsen und »Hallo« zu sagen? Dann weißt du bestimmt auch, wie brav es plötzlich wird.

In der nächsten Übung geht es nicht um Monster, sondern um ganz normale Menschen, die zum Glück völlig ungefährlich sind. Erst recht, wenn du sie freundlich ansprichst, denn dann erweisen sich die meisten nicht nur als harmlos, sondern reagieren oft überraschend offen und freundlich.

Dreimal täglich Leute ansprechen

Diese Übung ist sehr einfach. Sie hilft dir, kleine Brücken zu anderen zu schlagen, und macht richtig Spaß, auch wenn sie dir anfangs vielleicht etwas gruselig vorkommen mag. So geht's:

- Nimm dreimal am Tag dein Herz in die Hand und sprich wildfremde Leute an – oder Leute, denen du regelmäßig begegnest, ohne bisher je ein Wort mit ihnen gewechselt zu haben.

- Geh offen und freundlich auf sie zu – das klappt mit einem Lächeln natürlich am besten.

- Es ist gar nicht wichtig, was du sagst, sondern nur, dass du überhaupt etwas sagst. Floskeln sind okay. Oder frag zum Beispiel, wie man von hier zur nächsten Bushaltestelle kommt oder ob es eine Post in der Nähe gibt. Frag jemanden, wo sie oder er die tollen Schuhe gekauft hat (natürlich nur, wenn die Schuhe auch einigermaßen was hermachen). Du kannst auch kleine Komplimente machen – zum Beispiel darüber wie hübsch der Schal ist, den jemand trägt. Du kannst die Kassiererin fragen, wie lange ihre Schicht noch geht, ihr ein schönes Wochenende wünschen oder in der Warteschlange mit irgendwelchen Leuten über das Wetter reden.

- Was du sagst, ist ganz egal – Hauptsache, du gibst anderen die Möglichkeit, auf dich zu reagieren. Ob sie diese Möglichkeit dann auch nutzen, ist ihre Sache. Vielleicht verdreht dein Gegenüber nur die Augen und antwortet gar nicht. Macht nichts – morgen gibt es drei neue Gelegenheiten. Denk daran, dass das nur eine Lockerungsübung ist. Beobachte die Reaktionen der anderen, aber bleib gelassen – dein Leben hängt nicht davon ab. Beobachte einfach, was geschieht und was sich in dir verändert.

Wenn du Angst vor Nähe hast

Im Laufe unserer Kindheit und Jugend lernen wir vieles im Leben kennen, und manches ist leider nicht schön. Traumatische Erfahrungen können uns oft ein Leben lang belasten, weshalb es wichtig ist, sich im Zweifelsfall professionelle Hilfe zu holen. Doch auch weniger schwere Vorfälle hinterlassen ihre Spuren in unserer Seele. Verletzungen, Enttäuschungen und Zurückweisungen führen dazu, dass wir andere lieber auf Abstand halten und vor Nähe regelrecht Angst haben.

Je nach Veranlagung und Prägung können unsere Reaktionen auf negative Erfahrungen sehr unterschiedlich sein: Viele Menschen ziehen sich enttäuscht in sich selbst zurück und schützen sich, indem sie den Kontakt zur Außenwelt auf ein Mindestmaß beschränken. Andere treten die Flucht nach vorn an und reagieren mit Wut und Ärger, was natürlich auch nicht dazu beiträgt, harmonische Kontakte zu knüpfen. Aber auch übertriebener Ehrgeiz und der Wunsch, andere zu überflügeln oder möglichst perfekt zu sein, sind oft die Folge früherer Verletzungen und können sich hinderlich auf Freundschaften auswirken.

Falls dir irgendwann in deinem Leben einmal das Herz gebrochen wurde, ist es nur zu verständlich, dass du dich schützt. Allerdings ist die Gefahr groß, dabei emotional zu verhungern. Das beste Heilmittel für ein gebrochenes Herz besteht nicht darin, es immer mehr zu verschließen, sondern es im Gegenteil vorsichtig wieder zu öffnen. Weder Angst noch Wut können alte Wunden heilen, aber die Liebe kann es. Was immer andere dir auch angetan haben, vertraue auf die Kraft der Liebe. Mitgefühl und Liebe machen dich nicht schwächer, sondern stärker. Wenn du liebevoll und achtsam bist, verlangst du nichts mehr von anderen. Und da es dann nicht mehr darum geht, etwas von ihnen zu bekommen, sondern nur noch um das, was du zu geben hast, kannst du ganz bei dir und gelassen bleiben. Du reichst anderen die Hand – und ob sie das Angebot annehmen oder nicht, ist ihre Sache.

Die Kunst des achtsamen Smalltalks

Freundlich und mitfühlend auf andere zuzugehen ist keine Zauberei, sondern Übungssache. Und dabei gehört der Smalltalk zu den besten Aufwärmübungen.

Es braucht viele kleine Schritte, damit Freundschaften entstehen und sich entwickeln können. Smalltalk ist dabei oft der erste, denn ohne zu kommunizieren können wir ja schlecht Kontakt mit anderen aufnehmen. Wenn du jemanden auf der Straße oder am kalten Buffet einer Party triffst, geht es erst mal gar nicht darum, tiefschürfende Gespräche zu führen oder eine dauerhafte Freundschaft zu schließen, sondern darum, überhaupt mal ins Gespräch zu kommen.

Es gibt Menschen, für die Smalltalks die Hölle sind, weil sie es überflüssig finden, über Dinge zu reden, die sowieso offensichtlich sind. Andere haben hingegen großen Spaß am Smalltalk. Falls du eher zu den ruhigen, introvertierten Menschen gehörst, kannst du mit Smalltalk wahrscheinlich nicht viel anfangen und gehst solchen Plaudereien lieber aus dem Weg. Das führt jedoch zu einem Teufelskreis, denn je seltener du dich auf Smalltalk einlässt, desto weniger übst du, Alltagsgespräche zu führen, und desto unwohler wirst du dich dabei fühlen.

Smalltalk ist eine Kunst – sie hilft dabei, das Eis zu brechen und auszuloten, ob dir jemand sympathisch ist und ob es grundsätzlich eine emotionale Basis gibt, die euch verbindet. Dabei geht es immer nur darum, sich gegenseitig zu beschnuppern und mögliche Gemeinsamkeiten zu entdecken – also erwarte nicht zu viel von ersten Begegnungen.

Einige einfache Regeln
für alltägliche Plaudereien

- Nutze jede Gelegenheit, mit anderen ins Gespräch zu kommen. Ob im privaten oder beruflichen Umfeld, ob im Alltag oder auf Partys – es gibt an jeder Straßenecke die Möglichkeit, Smalltalk zu üben. Und nur Übung führt zum Erfolg.

- Sprich über leichte Themen – also nicht über Politik, Religion oder Themen, die sich eher für Meinungsverschiedenheiten als zum Kennenlernen eignen. Gute Themen sind zum Beispiel Reisen, Orte, wo du warst oder wo du gern leben würdest, Bücher, Filme oder Musik, Haustiere, Sport oder allgemeine Trends. Auch tagesaktuelle Schlagzeilen können einen Anknüpfungspunkt bieten, sofern sie nicht in das Labyrinth der unterschiedlichen Weltanschauungen und politischen Überzeugungen führen.

- Sei neugierig. Jeder ist auf irgendeinem Gebiet ein Experte. Versuch herauszufinden, in welchem Bereich sich dein Gegenüber besonders gut auskennt und was du dabei lernen kannst. Ehrliche Neugierde mach dich für andere sympathisch, denn jeder Mensch hat seine Geschichte und sehnt sich danach, sich anderen mitzuteilen.

- Vermeide negative Gesprächsinhalte. Sprich nicht über Probleme, Krankheiten oder das Böse in der Welt. In engen Freundschaften kann man natürlich auch über schwierige Themen sprechen, aber besser nicht gleich beim ersten Treffen.

- Bring Zuhören und Reden in eine gute Balance. Die liegt so ungefähr bei zwei Drittel Zuhören und einem Drittel Reden. Stell ruhig Fragen – zum Beispiel nach dem Beruf oder was deine neue Bekanntschaft für Bücher oder Filme mag –, aber lass Smalltalks nie zu einem Verhör werden. Gib auch etwas von dir und deinen Vorlieben preis, aber werde dabei nicht zu persönlich. Es ist meist keine gute Idee, andere bei der ersten Begegnung zuzutexten und ihnen die eigene Lebensgeschichte zu erzählen.

- Bleib achtsam. Schenk jeder noch so banalen Unterhaltung deine ganze Aufmerksamkeit. Halte Blickkontakt, denn so zeigst du, dass du hier und jetzt vollkommen für die oder den anderen da bist. Beobachte dein Gegenüber, achte auf die Körperhaltung, die Sprache und die Gestik – ist der andere entspannt oder eher hektisch, offen oder eher verschlossen?

- Richte deinen Fokus nicht zu sehr auf dich selbst – überleg nicht ständig, ob du etwas Falsches gesagt haben könntest, und zerbricht dir bloß nicht den Kopf, wie du beim anderen ankommst. Die Übung des Smalltalks besteht einzig darin, es einfach zu machen – je öfter, desto besser

Die spirituelle Brücke der Verbundenheit

Hast du Angst davor, Menschen näherzukommen, die du nicht kennst? Kommen dir Leute, denen du begegnest, oft sehr fremd vor? Je stärker das Gefühl ist, von anderen getrennt und isoliert zu sein, desto schwieriger wird es, Freundschaften zu schließen. Falls dir das bekannt vorkommt, möchten wir dir einen buddhistischen Gedanken näherbringen. Radikal ausgedrückt besagt er, dass es so was wie »Fremde« gar nicht gibt. Etwas weniger drastisch formuliert: Wir sitzen alle im gleichen Boot.

Ganz egal, wie alt jemand ist, welches Geschlecht oder welche Hautfarbe er hat, ganz egal, ob er in Delhi oder in Hamburg lebt, und egal, ob er eher offen und fröhlich oder verschlossen und unfreundlich ist ... jeder Mensch will im Grunde nur eines, und zwar glücklich und frei von Leiden sein. Die Wege, die jeder wählt, um das zu erreichen, sind sehr unterschiedlich, und doch tragen wir alle die gleiche Sehnsucht in uns – die Sehnsucht, in Verbundenheit leben zu können und wir selbst sein zu dürfen.

Wenn du das wirklich erkennst und wenn du auch erkennst, dass jeder von uns Schwächen und Fehler, Sorgen und Nöte hat, dass wir alle Verluste verkraften, Krankheiten durchleben und irgendwann sterben müssen, dann wird es dir sehr viel leichter fallen, andere zu verstehen. Dann wirst du anfangen, mit den Augen deines Herzens zu sehen, und kannst eine spirituelle Brücke zu allen Menschen schlagen, die dir begegnen. Und dann wirst du auch keine Angst mehr vor ihnen haben.

Wir sind alle Menschen, wir atmen die gleiche Luft, bestehen aus den gleichen Zellen, haben Ängste und unerfüllte Wünsche und sehnen uns danach, geborgen und sicher zu sein und von anderen geliebt zu werden. Die folgende Reflexion macht dir das bewusst. Und sie macht dir auch bewusst, dass »fremde Menschen« bei Weitem nicht so fremd sind, wie du vielleicht denkst. Diese klassische buddhistische Reflexion zählt zu den wirkungsvollsten

Praktiken, um sich anderen Menschen näher zu fühlen. Und sie schafft gute Bedingungen, damit aus Fremden eines Tages vielleicht Freunde werden können.

Genau wie ich ...

Es gibt zwei Arten, diese Meditation durchzuführen:
Mach entweder eine klassische Meditation. Dafür setzt du dich aufrecht hin, schließt die Augen und entspannst deinen Körper. Stell dir dann einen Menschen vor; hol ihn dir vor dein geistiges Auge. Wähle jemanden, mit dem du es nicht so leicht hast, jemanden, der dir nicht allzu sympathisch ist oder mit dem du ein paar Probleme hast – es sollte nur anfangs nicht gerade dein Erzfeind sein.

Ebenso kannst du die Übung auch im Alltag anwenden, wann immer du dich mit jemandem unterhältst. Auch hier ist die Praxis besonders wirkungsvoll, wenn du sie bei fremden oder vielleicht sogar eher unsympathischen Menschen anwendest.

Sobald du jemanden in deiner Vorstellung oder leibhaftig vor dir hast, solltest du im Geist folgende Sätze durchgehen:

- Genau wie ich sucht dieser Mensch nach Glück und hat ein Recht darauf, glücklich und geborgen zu sein. Genau wie ich wird er bei der Suche manchmal den falschen Weg einschlagen.

- Genau wie ich ist dieser Mensch nicht frei von Gier, Ärger, Wut, Selbstzweifel, Traurigkeit oder Verwirrung und leidet darunter.

- Genau wie ich wird dieser Mensch altern, mit Krankheiten konfrontiert sein und eines Tages sterben müssen.

- Genau wie ich sehnt sich dieser Mensch nach Liebe und Nähe und nach Freund*innen, denen er vertrauen kann.

Eine Frage
der Ausrichtung

Es ist schon ein paar Jahre her, als wir das Buch *Füttere den weißen Wolf* geschrieben haben. Die Grundaussage lautet: Nicht dein Schicksal, sondern deine Ausrichtung entscheidet – zum Beispiel über deine Lebensfreude, deinen Erfolg und dein Glück, oder eben auch über die Qualität deiner Freundschaften. Die Stimmung, die du in dir nährst, strahlt auch nach außen ab. Positive Gefühle übertragen sich dabei genauso stark auf andere wie negative.

Das hast du selbst sicher schon oft erlebt: Wenn du bester Laune bist und eine Mitbewohnerin oder ein Kollege mit ihrer schlechten Stimmung oder gestresst und gereizt ins Zimmer kommt, fühlst auch du dich ganz schnell schlecht. Gefühle sind ansteckend, und darum ist es gut, sich seiner Ausstrahlung bewusst zu sein. Vor allem aber solltest du dir darüber im Klaren sein, dass du deinen Stimmungen nicht wehrlos ausgeliefert bist.

»Füttere den weißen Wolf« – das heißt, dass du belastende, negative Stimmungen nicht in dir nähren musst, sondern dich auf Qualitäten wie Dankbarkeit, Mitgefühl oder Freude fokussieren kannst. Damit wir uns nicht falsch verstehen: Belastende Gefühle wie Ärger, Ungeduld, Angst oder Traurigkeit sind ganz normal – sie sind Ausdruck deiner Lebendigkeit. Es geht keinesfalls darum, sie zu unterdrücken, im Gegenteil: Nimm sie achtsam wahr, beobachte genau, wie es sich beispielsweise anfühlt, wütend oder enttäuscht zu sein …

Aber: Lass die Gefühle auf ebenso natürliche Weise wieder gehen, wie sie gekommen sind. Denn das ist der entscheidende Punkt: Oft bleiben wir in negativen Gefühlen stecken, indem wir die Gedanken, die diese Gefühle verstärken, unbewusst wiederholen und nicht mehr aus dem Grübeln rauskommen.

Den weißen Wolf zu füttern bedeutet, die Abwärtsspirale zu beenden und sich auf das Gute auszurichten. Du musst nichts unterdrücken, sondern deine Aufmerksamkeit einfach nur von all dem abziehen, was dich runterzieht. Und das geschieht ganz automatisch, wenn du dich auf Vertrauen, Gelassenheit oder Heiterkeit fokussierst. Im Grunde geht es also um das, was man früher »Seelenhygiene« nannte. So wie du dir die Hände wäschst, wenn sie dreckig sind, reinigst du dein Bewusstsein von geistigen Giften. Uns gefällt das Bild vom weißen Wolf, den wir statt des schwarzen Wolfes füttern, besser, aber letztlich läuft es auf das Gleiche hinaus.

Wenn du dich für eine positive Ausstrahlung entscheidest, kannst du jeden Menschen, den du triffst, mit Freude und Mitgefühl anstecken. Auf der Suche nach neuen Freund*innen ist das von unschätzbarem Wert. Es erfordert allerdings ein wenig Disziplin, da du immer wieder achtsam wahrnehmen musst, wie du dich wirklich fühlst, und dich auf die Kraft deines Herzens ausrichten musst, sobald du »abzustürzen« drohst. Doch diese Disziplin führt nicht nur zu mehr Freude, Vertrauen und Nähe in all deinen Begegnungen, sondern natürlich kommt sie vor allem auch dir selbst zugute.

Wenn es dir gut geht, werden auch dein Zugehen auf andere und deine Freundschaften bereichert. Geh also ruhig großzügig mit deinen inneren Schätzen um; du hast nichts zu verlieren – ganz im Gegenteil.

Freundschaft mit sich selbst schließen

Wer sich selbst nicht lieben kann, kann auch niemand anderen lieben. Die Bedingung für jede erfüllende Freundschaft ist, dass du dich selbst wertschätzen und lieben kannst – denn die Voraussetzung für ein erfüllendes Wir ist immer ein erfülltes Ich.

Solange du dich selbst nicht wirklich annehmen kannst, wird jede deiner Freundschaften auf Mangel beruhen und auf tönernen

Füßen stehen. Erstens können deine Freunde dir sowieso nie geben, was du nicht in dir selbst findest. Und zweitens ist es für sie belastend, wenn du den Kontakt zu ihnen nur aufrechterhältst, um deine innere Leere zu füllen.

Sich selbst aus ganzem Herzen zu akzeptieren, gut mit sich selbst auszukommen, die eigenen Bedürfnisse ernst zu nehmen und mit sich selbst befreundet zu sein – das alles ist nicht einfach. Genau genommen ist es sogar die absolute Ausnahme, denn zu den Menschen, die wir am meisten vernachlässigen, gehören wir selbst. Ein Mangel an Selbstakzeptanz aber führt zu Unzufriedenheit, Unruhe, Selbstzweifeln und Ängsten – und die verursachen eine Menge Probleme in deinen Beziehungen, ob in der Familie, im Beruf oder in deinen Freundschaften.

Fällt es dir auch so schwer, dich nicht ständig durch die Augen deines inneren Kritikers zu sehen? Dauernd macht uns dieser innere Miesmacher weis, dass wir nichts taugen, dass alle anderen besser, schöner und erfolgreicher sind als wir. Er wird nicht müde, uns auf unsere Fehler und Schwächen aufmerksam zu machen. Und natürlich überzeugt unser innerer Kritiker uns auch davon, dass wir niemals richtige Freunde haben werden – oder dass wir die, die wir haben, eigentlich gar nicht verdienen.

Warum lassen wir das bloß zu? Warum sagen wir uns selbst Dinge, die wir keinem anderen an den Kopf werfen würden? Vielleicht tröstet es dich zu wissen, dass das gar nicht unsere Schuld ist, denn die Erfahrungen aus unserer Vergangenheit und die Konditionierungen durch Eltern, Lehrer, Verwandte und so weiter machen es uns sehr schwer, Freundschaft mit uns selbst zu schließen. Dass es schwer ist, heißt aber nicht, dass es unmöglich wäre. Ebenso, wie du dein Verhältnis zu anderen Menschen jederzeit verbessern kannst, kannst du auch dir selbst gegenüber jederzeit achtsamer und liebevoller werden. Und damit befreist du dich nicht nur selbst von belastenden Gefühlen, sondern du pflegst und verbesserst auch die Beziehung zu deinen Freund*innen.

Maria und Marie

Maria und Marie waren süße Mädchen – und als sie noch klein waren, waren sie ein Herz und eine Seele. Sie spielten und träumten miteinander und nie gab es den kleinsten Streit. Doch im Laufe der Zeit, keiner wusste recht, wie es geschah, fühlten sich die beiden getrennt voneinander. Je älter sie wurden, desto schwieriger wurde es zwischen ihnen.

Sie lebten gemeinsam in dem großen Haus, das ihnen die Eltern hinterlassen hatten, und stritten jahrein, jahraus. Marie hatte oft verrückte Einfälle – doch Maria sagte sogleich verächtlich: »So ein Unsinn!« und manchmal auch: »Dafür bist du nicht gut genug« oder, wenn sie besonders gemein war: »Du bist zu dumm.« Marie versuchte sich zu wehren, aber Maria setzte sich fast immer durch.

Im Laufe der Zeit stritten sie nicht mehr so viel. Marie wusste ja, was Maria sagen würde, und so sagte sie es sich gleich selbst.

Doch da war ein Sehnen in Maries Herz, ein Sehnen, das immer kraftvoller wurde, bis es so stark war, dass Marie nicht länger schweigen konnte. Sie sehnte sich danach, ein neues Leben zu beginnen, um die Welt zu reisen, verrückte Dinge zu tun …

Maria lachte höhnisch: »Du kannst doch nichts gut genug.«

»Aber ich kann es doch mal versuchen! Warum denn nicht?«

»Weil du nun mal schwach bist. Deine Schwäche ist ja schon, dass du gar nicht zugeben kannst, dass du schwach bist. Eine Weltreise? Du verläufst dich doch schon in der Stadt. Und was machst du, wenn du mit irgendeiner Tropenkrankheit und ohne Geld sonst wo festhängst?«

Marie standen die Tränen in den Augen. Eine Weile sagte sie gar nichts. Dann flüsterte sie: »Warum machst du das, Maria? Warum machst du mir alles schlecht?«

Maria schwieg lange Zeit. In ihrem Gesicht wechselten sich Wut, Angst und liebevolles Verstehen ab. Und schließlich antwortete sie ebenso leise, wie Marie gefragt hatte: »Ich will uns beschützen!«

Da verstand Marie mit einem Mal. Als sie als Kinder die Wände bemalt hatten, als sie auf den hohen Baum vor dem Haus geklettert waren, als sie laut gesungen hatten – da waren Mama oder Papa gekommen und hatten geschimpft und gedroht. Marie war trotzig gewesen. Aber Maria hatte sie von nun an davon abgehalten, ihre Einfälle auszuführen. Die Eltern waren besänftigt und froh, sie freuten sich und schimpften nicht mehr. Maria hatte immer aufgepasst.

Aber jetzt waren sie doch keine Kinder mehr!

»Maria«, sagte Marie. »Jetzt verstehe ich dich und finde es großartig, dass du uns beschützt. Aber sieh mal, wie stark wir jetzt sind – vor allem zusammen!«

Maria lächelte ein wenig und nickte.

Marie lächelte zurück. Die beiden gingen aufeinander zu und umarmten sich. »Ich werde immer für dich da sein«, sagte Maria und Marie wusste, dass es stimmte.

»Freundinnen?«, fragte Maria vorsichtig.

»Beste Freundinnen!«, sagte Marie.

Endlich, nach so vielen Jahren, waren sie wieder ein Herz und eine Seele geworden. Einen gemeinsamen Körper, den hatten sie ja immer schon gehabt.

Die heilende Kraft des Selbstmitgefühls

Sowohl unseren Freundschaften als auch uns selbst zuliebe sollten wir möglichst bald herausfinden, was liebenswert und attraktiv an uns ist. Jeder von uns hat Stärken und verfügt über viele wertvolle Qualitäten – wir haben viel zu geben, nur ist uns das meist nicht bewusst. Wir tragen einen Rucksack voller Geschenke mit uns und übersehen ihn leider, da wir ihn auf dem Rücken tragen. Wie können wir die Gewohnheit, unfreundlich mit uns selbst umzugehen, durchbrechen? Was können wir unserem inneren Kritiker entgegensetzen?

Die Lösung ist einfach: Wenn deine Blumen auf dem Balkon vertrocknen, dann gieße sie. Wenn dein Herz bisher nicht erblühen konnte, dann schenk ihm dein Mitgefühl und deine liebevolle Aufmerksamkeit. Selbstmitgefühl oder »Self-Compassion« lautet hierbei das Zauberwort. In den letzten Jahren sind viele Bücher zu diesem Thema entstanden, und das wurde auch höchste Zeit. Denn was die Fähigkeit, Freundschaft mit sich selbst zu schließen, betrifft, gibt es in unserer Gesellschaft große Defizite.

Selbstmitgefühl hat dabei nichts mit Selbstverliebtheit zu tun. Es geht nicht um Egoismus oder darum, sich selbst über den grünen Klee zu loben. Selbstmitgefühl ist nichts anderes als eine besondere Form der Achtsamkeit, die dir die Gelegenheit gibt, sanft und freundlich mit dir selbst umzugehen. Sie ermöglicht es dir, anzuerkennen, dass du lebendig und darum eben nicht perfekt bist. Dass du aber trotzdem oder besser gesagt gerade deshalb liebenswert bist.

Mitfühlend mit dir selbst umzugehen, heißt lediglich, dass du dich selbst mindestens so gut wie deine beste Freundin oder deinen besten Freund behandelst. Selbstmitgefühl hilft dir, Ja zu dir selbst zu sagen. Diese Erfahrung, dass du so sein darfst, wie du bist (und das darfst du absolut!), ist ungeheuer befreiend. Zugleich versetzt sie dich in die Lage, auch anderen Menschen ihr So-sein zuzugestehen. Vor allem in schweren Zeiten ist Selbstmitgefühl Gold wert, denn es verbindet dich mit dir selbst und erleichtert es dir, Gelassenheit und innere Ruhe zu entwickeln.

Selbstmitgefühl in der Praxis

Du selbst bist der wichtigste Mensch in deinem Leben. Nicht dein Partner, nicht deine Kinder und nicht deine Freundinnen oder Freunde – nur du ganz allein. Du bist die Basis. Du bist die Wurzel, aus der all deine Erfahrungen und Beziehungen zu anderen entspringen. Ist die Wurzel krank, kann der Baum nicht wachsen – kein Stamm, keine Äste, keine Blätter. Das ist der Grund, warum du dich gut um dich selbst kümmern solltest: Bleib mit dir selbst in Kontakt, indem du immer wieder in dich hineinhorchst.

Frag dich regelmäßig, was jetzt wichtig für dich wäre – was du brauchst, um dich wohlfühlen zu können und entspannt zu bleiben. Was täte dir jetzt gut? Wie kannst du besser für dich sorgen? Gibt es Dinge, die du tun oder vielleicht auch besser lassen solltest? Besonders in Situationen, in denen du dich unwohl oder gestresst fühlst, ist es wichtig, dir selbst einige Fragen zu stellen:

- Solltest du eine Pause einlegen und ein paar Mal tief durchatmen?
- Brauchst du etwas Bewegung – vielleicht einen Spaziergang?
- Wäre es wichtig, jemandem zu sagen, was dir auf der Seele liegt?
- Solltest du dein Smartphone mal für ein oder zwei Stunden ausschalten?
- Brauchst du einen Tapetenwechsel?

Selbstfürsorge ist ein wichtiges Element der Achtsamkeit und die Voraussetzung dafür, eine authentische Beziehung zu Freunden und Freundinnen zu pflegen. Freundlich und nachsichtig zu sich selbst zu sein, ist Übungssache. Und Selbstmitgefühl-Übungen sind besonders für Menschen wichtig, die nicht so gut darin sind zu spüren, welche Bedürfnisse sie haben. Oder die noch nicht herausgefunden haben, wie sie ihre Bedürfnisse befriedigen können. Falls dir das bekannt vorkommt, tröstet es dich vielleicht zu wissen, dass du damit nicht allein bist, denn es geht den meisten von uns so.

Im Folgenden findest du eine kleine Liste mit Vorschlägen, wie du besser für dich sorgen kannst. Heilsame Veränderungen kannst du allerdings nur durch Praxis bewirken. Es reicht also leider nicht, die Liste durchzulesen. Versuch unbedingt, wenigstens den ein oder anderen Punkt auch umzusetzen – am besten jetzt gleich:

- Hör mehr auf deine Lust. Sorge dafür, dass es jeden Tag Augenblicke oder Dinge gibt, die du wirklich genießen kannst.
- Geh nachsichtig mit der Tatsache um, dass du Fehler und Schwächen hast, dass dir manches misslingt oder dass du gelegentlich dumme Sachen sagst oder tust. Ebenso wie alle anderen Menschen bist auch du nicht perfekt – das musst und kannst du auch nicht sein.
- Nimm dir Zeit für Sachen, die du wirklich liebst.
- Schieb das Glück nicht auf die Zukunft. Verfall nicht dem Irrglauben, dass du später mal glücklich sein wirst, wenn du erst XYZ erledigt oder erreicht oder diese oder jene Bedingung geschaffen hast. Sei bedingungslos glücklich – nicht erst nächstes Jahr, sondern jetzt sofort.
- Leg Wert auf gute Gesellschaft. Triff dich nicht mit Leuten, die dir auf die Nerven gehen, die dich langweilen oder dir Energie rauben. Dafür ist deine Zeit zu schade. Achte darauf, mit wem du dich entspannen und wohlfühlen kannst und mit wem das nicht geht.
- Vergleich dich nicht mit anderen. Beim Vergleichen kommst du immer schlecht weg. Leider vergleichen wir uns nämlich immer nur mit den jeweils besseren Eigenschaften anderer Leute, statt mit ihren schlechten.
- Achte auf deine Grenzen. Lass dich nicht für fremde Zwecke einspannen und bleib bei dir selbst, so kannst du deine Energie sammeln.
- Akzeptiere dich ohne Wenn und Aber. Erlaube dir, genauso zu sein, wie du bist.

»Möge ich glücklich sein«

Eine der effektivsten Übungen, um Selbstmitgefühl zu entwickeln, stammt aus dem Buddhismus und wird als »Metta-Meditation« oder »Herzmeditation« bezeichnet. Es gibt mehrere Varianten, und sie alle funktionieren völlig unabhängig davon, an was du glaubst, ob du einer Religion angehörst oder Atheist*in bist. Studien haben gezeigt, dass Metta-Meditationen sehr wirkungsvoll sind und sich positiv auf Körper und Seele auswirken. Falls du keine Erfahrungen mit dieser Art von Meditation hast, wird es dir am Anfang vielleicht komisch vorkommen, Sätze wie: »Möge ich glücklich sein« innerlich zu wiederholen. Wir fanden das anfangs auch sehr merkwürdig, doch die Wirkungen ließen nicht lange auf sich warten. Darum ist es am besten, nicht lange darüber nachzudenken, sondern es einfach zu tun. Wenn möglich solltest du dir jeden Tag zehn Minuten dafür reservieren. Du kannst dabei nichts falsch machen, denn bei dieser Meditation geht es nicht darum, es »gut« oder »richtig« zu machen. Es genügt die Absicht, sein Herz für sich selbst zu öffnen – alles Weitere ergibt sich ganz von selbst.

- Setz dich aufrecht, aber bequem hin. Achte darauf, dass der Rücken gerade ist und dass Schultern und Gesicht entspannt sind. Schließ die Augen.

- Entspanne deinen Körper, so gut es für dich möglich ist. Richte die Achtsamkeit dann auf deinen Atem: Spüre, wie sich deine Bauchdecke beim Einatmen sanft hebt und wie sie beim Ausatmen wieder locker nach innen sinkt. Verändere nichts an deinem Atem – versuche nicht, besonders langsam oder tief zu atmen, sondern lass den Atem kommen und gehen, wie er will.

- Wenn dein Körper etwas zur Ruhe gekommen ist, dann lass auch deinen Geist ruhig werden. Beobachte achtsam, wie die Gedanken immer wieder kommen und gehen. Es ist ganz normal, dass unser Geist denkt. Wann immer dir das Karussell in deinem Kopf zu bunt wird, konzentrier dich wieder auf die Atembewegung.

- Beginne nun mit der eigentlichen Herzmeditation zur Entwicklung von Selbstmitgefühl:
  - Während du einatmest, denkst du: »Möge ich …«
  - Während du ausatmest, denkst du: »… glücklich sein.«
  - Beim nächsten Einatmen denkst du: »Möge ich …«
  - beim Ausatmen: »… geborgen sein.«
  - Beim dritten Einatmen denkst du: »Möge ich …«
  - beim Ausatmen: »… in mir ruhen.«

- Nach diesem Zyklus fängst du wieder von vorn an und wiederholst alle drei Wünsche. Zwing dich dabei nicht, angenehme Gefühle zu erzeugen – wenn sie entstehen, ist es schön, wenn nicht, ist das auch in Ordnung. Die Sätze wirken tief auf dein Unterbewusstes – du musst also gar nichts weiter »tun«.

- Bleib während der Zeit der Meditation einfach dabei, die Sätze innerlich zu wiederholen, und zwar sanft und entspannt und immer in deinem Atemrhythmus. Dass deine Gedanken dabei abschweifen, ist Teil der Übung und sagt nicht, dass du etwas falsch machst. Sobald du anfängst, über andere Dinge nachzudenken, bemerke es einfach und kehre geduldig und liebevoll zu deinem Atem und der Wiederholung der guten Wünsche zurück.

- Um die Meditation zu beenden, lenkst du deine Aufmerksamkeit kurz auf das Gewicht deines Körpers. Atme dann dreimal tief durch, bevor du die Augen wieder öffnest.

Freunde finden – aber wo?

Nachdem du nun weißt, wie du die Freundschaft zu dir selbst vertiefen kannst, schauen wir wieder auf die »äußere« Seite, die Freunde im Außen und die Menschen, die unsere Freunde werden könnten. Ist es Zufall, ob wir neue Seelenverwandte finden oder nicht? Ein bisschen bestimmt. Da der Zufall in unserem Leben immer ein Wörtchen mitzureden hat, gibt es keine Garantie – Freundschaften lassen sich nicht erzwingen. Allerdings gibt es sehr viele Möglichkeiten, die Wahrscheinlichkeit für neue oder sich vertiefende Freundschaften zu erhöhen. Das ist ein bisschen wie beim Lotto – je mehr Lose du kaufst, desto größer sind die Gewinnchancen. Aber im Gegensatz zu einem Sechser im Lotto sind die Chancen, neue Menschen kennenzulernen, riesengroß.

Gute Freundschaften entstehen oft wie nebenher – etwa auf dem Spielplatz, wo sich Mütter treffen, deren Kinder miteinander im Sandkasten spielen; bei einem Spaziergang, wenn Hundebesitzer*innen miteinander ins Gespräch kommen, oder auf Familienfeiern. Kinder, Haustiere und gemeinsame Bekannte sind hervorragende »Kuppler«, aber tatsächlich entstehen die meisten Freundschaften bei gemeinsamen Aktivitäten – zum Beispiel im Verein, der VHS oder bei ehrenamtlichen Tätigkeiten.

Die einfachste Möglichkeit, auf Gleichgesinnte zu treffen, besteht darin, dass du dich einer Gruppe anschließt. In Gruppen treffen mehrere Menschen zusammen, die die gleichen Interessen teilen und sich im besten Fall auch innerlich verbunden fühlen. Die Wahrscheinlichkeit, in so einem Bund Seelenverwandte zu finden, ist groß. Natürlich kommen nicht alle Gruppenmitglieder gut miteinander aus, die oder der Passende ist aber sehr oft dabei – auch wenn wir das nicht unbedingt auf den ersten Blick erkennen.

Damit Freundschaften entstehen können, müssen zuerst einmal Begegnungen stattfinden. Wichtig sind dabei zwei Dinge:

1. Verbieg dich nicht. Lass dich von deinem Interesse leiten – nimm nicht an einer Laufgruppe teil, wenn du Joggen hasst; und mach auch keinen Kochkurs, wenn du freiwillig nie auf die Idee kommen würdest, dich zu Hause an den Herd zu stellen. Gleichgesinnte findest du so nämlich nicht. Auf der anderen Seite wirst du spannende Erfahrungen machen und interessante Leute kennenlernen, wenn du auch mal aus deiner Komfortzone herauskommst und etwas ausprobierst, das du dich bisher nicht getraut hast. Trotzdem sollte das grundsätzlich etwas sein, was dir entspricht.

2. Why not?! Falls du Hemmungen hast, dich anderen anzuschließen, dann spring über deinen Schatten, indem du dein Denken umprogrammierst. Statt dir auszumalen, was alles Peinliches oder Schlimmes passieren könnte, wenn du einer Gruppe beitrittst, kannst du dem Gefängnis in deinem Kopf durch eine einfache Frage entfliehen: »Warum eigentlich nicht? Was kann schon passieren?« Stell dir das Schlimmste vor, was passieren könnte, zum Beispiel, dass dich alle doof finden. Das ist zwar sehr unwahrscheinlich – aber selbst wenn: Du kannst jederzeit aussteigen. Du behältst die Kontrolle, denn du hast die Wahl. Warum also nicht einfach mal ins kalte Wasser springen? Nach ein paar Schwimmzügen wird dir warm sein und du wirst dich im Wasser pudelwohl fühlen.

Im Folgenden findest du einen kleinen Überblick an Möglichkeiten, wo du andere kennenlernen kannst. Vielleicht erscheinen dir diese Orte der Begegnung banal, aber nichtsdestotrotz sind es Orte, an denen besonders häufig enge Freundschaften entstehen. Das, was Menschen am schnellsten miteinander verbindet, sind gemeinsame Hobbys:

- VHS-Kurse und Vereine sind wohl der Klassiker unter den Kontaktbörsen.

- Ehrenamtliche Tätigkeiten – von der Freiwilligen Feuerwehr über Selbsthilfevereine bis hin zu NGOs.
- Falls du ein Instrument spielst oder einigermaßen singen kannst: Es gibt unzählige Laienorchester und -chöre, die sich über Zuwachs freuen.
- Was immer dich dazu bewegt, aus deinen vier Wänden herauszukommen, ist hilfreich, um neue Bekanntschaften zu schließen, aus denen irgendwann Freundschaften werden können.
- Kann man Freunde online finden? Ja, auch das ist unter Umständen möglich, auch wenn es niemals unsere erste Wahl wäre.
- Welche Wege du auch wählst, um neue Leute kennenzulernen – wichtig ist, entspannt zu bleiben. Die Suche nach neuen Freunden sollte nicht in Stress ausarten. Eile ist dabei ganz und gar nicht hilfreich. Es geht hier nicht um einen weiteren Punkt auf deiner To-do-Liste. Nimm dir Zeit. Such dir Situationen oder Gruppen, in denen du dich wohlfühlst und dich entspannen kannst. Die Absicht, dich für andere Menschen zu öffnen, ist mehr als genug. Den Rest erledigt das Universum, wenn du es machen lässt ...

Wenn Fremde zu Freunden werden

Freunde sind keine Fische. Du kannst sie dir nicht »angeln«. Zwar brauchst du Geduld, um Freund*innen zu finden, ebenso wie du beim Angeln viel Geduld brauchst, aber wenn ein Fisch anbeißt, dann hast du ihn – dann gehört er dir. Bei Freundschaften ist das anders: Es braucht oft sehr viel Zeit, in der sie wachsen und sich entwickeln können.

Wenn wir uns unsere Freunde heute so ansehen, erinnern wir uns, wie lange es manchmal gedauert hat, bis eine Freundschaft entstanden ist. Anfangs war das gegenseitige Interesse oft nicht sehr groß – und wenn wir doch mal gern mit jemandem befreundet gewesen wären, hatte sie oder er andere Pläne und es wurde nichts draus. Bei einigen sah es sogar ganz und gar nicht danach aus, als könnte jemals eine enge Verbindung entstehen, da unsere Ansichten viel zu unterschiedlich waren. Und doch sind wir schließlich irgendwann Freunde geworden und das bis heute auch geblieben.

Was wir damit sagen wollen: Lass dir Zeit. Hab Geduld. Lass dich überraschen ... Eine Freundschaft ist eine zarte Pflanze: Du musst dich gut um sie kümmern und damit rechnen, dass es Zeiten gibt, in denen nichts voranzugehen scheint. Und dann hilft es auch nichts, an den Blättern zu zerren. Stattdessen brauchst du einen grünen Daumen – oder auf Freundschaften übertragen: ein geduldiges, offenes Herz.

Unsere Beziehungen zu anderen Menschen sind sehr unterschiedlich: Da gibt es die Fremden – Menschen, die wir kaum wahrnehmen und mit denen wir noch nie gesprochen haben. Etwas vertrauter sind uns die mehr oder weniger flüchtigen Bekannten, die wir im Alltag treffen. Vielleicht wechseln wir gelegentlich ein paar Worte mit ihnen, aber auch wenn wir sie durchaus wahrnehmen, bleiben sie doch eher Randfiguren, die uns nicht wirklich berühren. Freunde sind uns hingegen schon sehr viel näher. Manche treffen wir regelmäßig, es gibt gemeinsame Unternehmungen, Einladungen und Gespräche, und auch wenn die vielleicht nicht immer tiefschürfend sind, fühlen wir uns doch mit unseren Freund*innen verbunden. Die meisten Menschen haben ein paar dieser normalen Freundschaften – »normal« nicht im Gegensatz zu »verrückt«, sondern im Gegensatz zu außergewöhnlich guten Freunden, die wir meist schon lange kennen und denen wir uns anvertrauen, wenn wir in unserem Leben Schwierigkeiten bekommen.

Neben den unterschiedlichen Stufen der Nähe zu verschiedenen Menschen gibt es auch innerhalb guter Freundschaften Stufen der Entwicklung – zum Beispiel Phasen, in denen die Freundschaft recht oberflächlich vor sich hinplätschert oder solche, in denen wir uns unseren Freund*innen sehr nah fühlen.

Da sich die Dinge ständig verändern und alles, was lebt, in Bewegung bleibt, wird es so schnell nicht langweilig – schon gar nicht in unseren Beziehungen. Die Übergänge zwischen den einzelnen Stufen der Nähe sind fließend. Flüchtige Bekannte können zu guten Bekannten und schließlich zu Freunden werden. Und vergessen wir nicht, dass auch unsere beste Freundin und unser bester Freund irgendwann einmal Fremde für uns waren.

Umgekehrt kann sich jeder Mensch, der uns im Moment vielleicht noch sehr fremd ist, irgendwann einmal als Seelenverwandter entpuppen. Das klappt natürlich nur, wenn beide grundsätzlich ähnlich ticken. Vor allem aber braucht es viel Offenheit, Achtsamkeit und die Bereitschaft, ohne Vorurteile auf andere zuzugehen. Wenn du Fremden gegenüber distanziert oder abwehrend bleibst, können sich aus Begegnungen nie Freundschaften entwickeln. Deine Einstellung ist also entscheidend, wie wir schon beschrieben haben.

Der Löwe und die Maus

Tief im Dschungel war eine Höhle. Darin schlief ein Löwe. Und vor der Höhle lief eine Maus umher und suchte nach etwas Leckerem. Dabei kam sie dem Löwen schließlich ganz nahe – und der Löwe erwachte. Blitzschnell streckte er seine Pranke aus und hatte die Maus gefangen.

Da rief die Maus: »Bitte, lieber Löwe, töte mich nicht! Ich bin doch so klein – von mir wirst du ohnehin nicht satt. Lass mich leben und ich werde dein Freund sein und dir, wenn du in Not bist, auch helfen.«

Da brüllte der Löwe ein lautes Löwenlachen. »Du willst mir helfen, wenn ich in Not bin? Du kleines Mäuschen? Aber du hast schon recht – für eine Mahlzeit bist du zu klein. Und da du so freundlich bist, lass ich dich laufen.« Und er ließ das Mäuschen laufen, das sich auch artig bedankte.

Einige Tage später spazierte der Löwe durch den Wald, als er plötzlich in die Falle eines Jägers trat. Bevor er auch nur einen Sprung machen konnte, war er schon in dem ausgelegten Netz gefangen. Er wand sich und brüllte, dass der ganze Dschungel erzitterte, doch er konnte sich nicht befreien.

Die Maus hörte das Gebrüll des Löwen, eilte zu ihm und fand ihn im Netz gefangen. »Brüll nicht, mein Freund – ich werde dich befreien.« Und sie knabberte am Netz, bis erst ein Strick riss, dann zwei – bis sich der Löwe schließlich aus dem Netz befreien konnte. Seither waren die beiden beste Freunde.

Es kommt nicht darauf an, wie groß die Kraft deines Freundes ist, sondern darauf, dass er dir beisteht, wenn du in Not bist.

Freundschaften nicht auf Sand bauen

Wie viele gute Freunde brauchst du, um glücklich zu sein? Bei vielen Menschen sind das nur sehr wenige – man kann sie locker an einer Hand abzählen. Aber den meisten würde schon ein einziger richtig guter Freund oder eine echte Seelenverwandte genügen, um sich verbunden und geborgen fühlen zu können.

Nichtsdestotrotz brauchen wir meist mehrere Freundinnen und Freunde, denn wir können nicht erwarten, dass ein einzelner Mensch all unsere Interessen teilt und alle unsere Erwartungen erfüllt. Mit manchen Freunden macht es Spaß, essen zu gehen und ein Glas Wein zu trinken. Die eine Freundin ist ideal, um über Gefühle zu reden und Probleme zu analysieren, während sich die andere eher anbietet, um gemeinsam zum Tanzen oder ins Sportstudio zu gehen. Der eine kann besonders gut zuhören, der andere ist so lustig und humorvoll, dass es keine Minute langweilig mit ihm wird. Die eine denkt viel über den Sinn des Lebens nach und inspiriert dich mit ihren Ideen, die andere ist eine Künstlerin, die dich auf Vernissagen mitnimmt. Jeder Mensch hat andere Vorzüge und Schwerpunkte, und wenn du viele Freunde hast, wirst du auf unterschiedliche Weisen bereichert. Andererseits sind Freundschaften recht zeitintensiv. Du musst also auswählen, und das wird dir leichter fallen, wenn du dir selbst fünf einfache Fragen stellst:

- Fühle ich mich in der Gegenwart von ... wohl?
- Kann ich bei ihr/ihm ich selbst sein?
- Schenkt mir die Freundschaft Inspirationen in Zeiten, in denen ich auf der Stelle trete, oder Trost und Kraft, wenn ich in einer Krise stecke?
- Hilft meine Freundin oder mein Freund mir, mich weiterzuentwickeln?
- Ist das Kräftegleichgewicht ausgewogen?
- Natürlich dürfen wir von Freund*innen nicht zu viel erwarten und nicht jede der genannten Fragen müssen wir mit Ja beantworten können. Vorsichtig solltest du jedoch sein, wenn die Antwort zu oft Nein lautet. Du investierst schließlich viel Lebenszeit in deine Freundschaften – darum solltest du darauf achten, sie nicht auf Sand zu bauen.

Gefühle und Stimmungen übertragen sich, und darum ist es gut, darauf zu achten, in welche Gesellschaft du dich begibst. Mitfühlende Menschen beeinflussen dich anders als egoistische, spirituelle anders als materiell eingestellte und achtsame anders als oberflächliche. Bei der Auswahl deiner Freunde darfst du also ruhig anspruchsvoll sein.

Der Begriff »Freundschaft« wird oft sehr beliebig verwendet.

Politiker sprechen von ihren »Freunden«, wenn sie andere Staatsmänner treffen. Geschäftspartner bezeichnen sich oft ebenfalls als Freunde. Und auch viele Beziehungen, die eigentlich nur Bekanntschaften sind, nennen wir zu Unrecht Freundschaften – vor allem in den USA ist man zum Beispiel sehr schnell dabei, Menschen, die man mal auf einen Drink trifft, gleich als Freunde zu bezeichnen. Es ist jedoch wichtig, nicht alles in einen Topf zu werfen.

Im Folgenden findest du einige recht häufige Pseudo-Freundschaften, die nur so tun, als ob sie richtige Freundschaften wären. Auch wenn sie sich manchmal ganz gut anfühlen, kannst du nicht darauf bauen, und deine Alarmglocken sollten klingeln, wenn du dich in den folgenden Beispielen wiederfindest.

Oberflächliche Freundschaften

Sie entsprechen weitgehend dem, was Aristoteles als »Freundschaft aus Lust« bezeichnet hat: guten Bekanntschaften, die eher das Bedürfnis nach Geselligkeit als nach wahrer Nähe befriedigen. Natürlich ist es schön, Spaß zusammen zu haben, mal ein Gläschen zusammen zu trinken, zu plaudern und sich ein paar gute Witze zu erzählen. Was an der Oberfläche bleibt, kann dich jedoch nie wirklich erfüllen. Ein wenig Ablenkung ist manchmal wichtig, aber oberflächliche Beziehungen werden schnell langweilig – sie haben keinen »Nährwert«. Über das Wetter zu reden, reicht auf Dauer nicht. Und spätestens, wenn du jemanden brauchst, der dich in schwierigen Zeiten auffängt und dich unterstützt, versagen oberflächliche Freundschaften auf der ganzen Linie.

So viele Freunde

Mia war das beliebteste Mädchen der Klasse. Nein, der ganzen Schule. Und das war auch kein Wunder. Für jede und jeden hatte sie ein bisschen Zeit und ein paar gute, freundliche Worte. Jeder mochte sie.

Eines Tages, es war kurz vor dem Frühlingsfest, verkündete die Lehrerin, dass sie dieses Jahr etwas Besonderes machen wollten: Jeder Schüler sollte drei Geschenke mitbringen und sie seinen drei besten Freunden geben.

Mia freute sich schon auf den Berg an Geschenken, die sie wohl bekommen würde. Doch als das Frühlingsfest kam und die Geschenke schließlich verteilt wurden, wurden Mias Augen immer größer, und schließlich begann sie zu weinen. Jeder hatte zumindest ein Geschenk bekommen. Sie aber war die Einzige, die nicht einmal ein Geschenk erhalten hatte. Als sie so dasaß und weinte, kam jeder ihrer Mitschüler kurz vorbei, sagte ein Wort des Trostes oder umarmte sie kurz.

Als Mia nach Hause kam, erzählte sie ihrer Mutter unter Tränen, was vorgefallen war. »Warum habe ich keine richtig guten Freunde?«, fragte sie.

Ihre Mutter nahm sie in die Arme, streichelte ihr über das Haar und sprach: »Mein liebes Kind, weißt du: Für richtige Freunde muss man sich richtig Zeit nehmen. Wer der Freund von allen ist, ist niemandes wahrer Freund ...«

Kletten und Bettler*innen

Ungleiche Kräfteverhältnisse sind keine gute Voraussetzung für Freundschaften. Wir alle sehnen uns nach Liebe und Anerkennung, doch diese Sehnsucht kann zur Falle werden. Wenn du nicht das Gefühl hast, wertvoll zu sein, wenn du dich unvollständig oder mangelhaft fühlst, kann es dir leicht passieren, dass du bei deinen

Freund*innen nach Bestätigung suchst. Dann ist die Gefahr groß, dass du dich von ihnen abhängig machst, dass du dich an andere »dranhängst«. Ohne es zu wollen, wirst du zu einer Klette. Freiheit und gegenseitige Wertschätzung sind jedoch die Bedingungen dafür, dass zwei Menschen zu Freunden werden können. Ganz gleich, wer in der Position des Schwächeren ist und die Rolle des Bettlers einnimmt – eine Beziehung, die auf Abhängigkeit beruht kann weder dich noch deinen Freund oder deine Freundin glücklich machen.

Reich und Arm

Umfragen zufolge entstehen die meisten engen Freundschaften zwischen Menschen, die ungefähr in den gleichen sozialen Verhältnissen leben. Auch hier spielt das Kräfteverhältnis wieder eine große Rolle. Wer finanziell kaum über die Runden kommt, wird nur schwer eine enge freundschaftliche Beziehung zu einem Großverdiener oder einer Millionärin aufbauen können. Das Beispiel ist zugegebenermaßen überzogen – aber grundsätzlich ist ein starkes Ungleichgewicht keine gute Basis für eine Freundschaft. Es gibt Ausnahmen (wie in unserer Geschichte »Der wahre Freund« aus dem Kapitel »Vom Wert der Freundschaft«), denn an sich ist die Verbundenheit zu anderen unabhängig von deren Herkunft oder Kontostand. In der Praxis sind diese Ausnahmen jedoch leider selten, da es schon ein großes Herz braucht, um soziale Unterschiede zu überbrücken.

Meist bergen ungleiche Freundschaften für beide Gefahren. Auf der einen Seite ist die Versuchung groß, sich im Licht seiner berühmten und erfolgreichen »Freunde« zu sonnen. Umgekehrt ist es für (finanziell) erfolgreiche Menschen oft schmeichelnd, wenn weniger Gutgestellte sich mit ihnen anfreunden wollen und nach Anerkennung lechzen. Auf beiden Seiten geht es darum, sich Vorteile zu verschaffen – sei es in Form von Geld oder Vitamin B auf der einen oder der Bestätigung und Bewunderung auf der anderen Seite. Mit wahrer Freundschaft hat das alles natürlich wenig zu tun. Egal, in welcher Rolle du steckst – befreie dich von Abhängigkeit und lass los, was dich sowieso nur unglücklich machen kann.

»Ich brauch dich!«

In guten Freundschaften ist es natürlich wichtig, sich gegenseitig zu unterstützen und dem anderen unter die Arme zu greifen, wenn er Hilfe braucht. Solange alles im Gleichgewicht ist, ist das kein Problem. Aber sicher kennst auch du diese »Freunde«, die dich immer nur dann anrufen, wenn sie dich brauchen. Erst wenn ihr Auto liegenbleibt, ein Klavier transportiert werden muss oder ihr Computer abstürzt, erinnern sie sich plötzlich wieder an ihre »guten alten Freunde«. Diese »Freundschaft aus Nutzen«, wie Aristoteles sie nannte, beruht im besten Fall auf einem Tauschhandel, sehr viel häufiger jedoch auf Ausnutzung.

Was die oder der andere von dir braucht, kann dabei sehr unterschiedlich sein – vielleicht gute Kontakte und Beziehungen, vielleicht ein offenes Ohr, um die eigenen Sorgen bei dir abladen zu können, oder einfach nur einen Menschen, mit dem man ins Kino gehen kann, weil es, nachdem der Partner das Weite gesucht hat, allein zu langweilig geworden ist.

Immer wenn der Nutzen bei einer Beziehung im Vordergrund steht, ist ein achtsamer, mitfühlender Umgang miteinander nicht mehr möglich. Wird eine Freundin oder ein Freund nur als Mittel zum Zweck benutzt oder besser gesagt missbraucht, kann von Freundschaft keine Rede mehr sein. So wunderbar es ist, sich gegenseitig zu unterstützen, so traurig ist es, immer wieder vom anderen ausgenutzt zu werden.

Der Elefant und seine Freunde

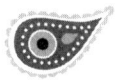

Ein Elefant fühlte sich ganz allein und wollte Freunde finden. Da sprach er zum Affen: »Hallo Affe, möchtest du vielleicht mein Freund sein?«

Der Affe sah den Elefanten an und sprach: »Nein, du kannst nicht auf Bäume klettern. Du kannst nicht mein Freund sein.«

Traurig ging der Elefant weiter. Da sah er eine Gazelle. »Hallo Gazelle«, sagte er. »Möchtest du mein Freund sein?«

Die Gazelle schüttelte den Kopf. »Nein, du kannst nicht mit mir herumspringen. Du kannst nicht mein Freund sein.«

Als Nächstes begegnete der Elefant einem Reiher. »Hallo Reiher«, sagte er. »Vielleicht möchtest du mein Freund sein?«

Der Reiher legte den Kopf schief und sprach: »Nein. Das sehe ich doch, dass du nie und nimmer fliegen kannst. Wir können keine Freunde sein.«

Mit hängendem Rüssel marschierte der Elefant weiter. Da erhob sich plötzlich ein vielstimmiges Geschrei und viele Tiere liefen ihm entgegen. »Tiger, Tiger!«, riefen sie. »Der Tiger ist gekommen und will uns alle fressen.«

Der Elefant hatte keine Angst vor dem Tiger und trat ihm in den Weg. »Hallo Tiger«, sagte er. »Bitte lass meine Freunde in Ruhe.«

Der Tiger brüllte: »Ich fresse, wen ich will!«

Da holte der Elefant mit dem Rüssel aus und schleuderte den Tiger gegen einen Baum, dass ihm aller Appetit verging und er in den Busch flüchtete.

Da kamen der Affe, die Gazelle und der Reiher und riefen: »Du bist genau richtig als unser Freund!«

Und da der Elefant nicht nachtragend war, hieß er die drei als Freunde willkommen.

Giftige Freundschaften

Sie entstehen, wenn sich zwei Menschen zusammenfinden, um sich gegenseitig zu bedauern oder sich gemeinsam gegen die »böse Welt« zu verschwören, als deren Opfer sie sich sehen. Das Wort »giftig« bezieht sich hier auf die geistigen Gifte, vor denen uns der Buddhismus warnt. Wenn die gemeinsame Basis einer Freundschaft darin besteht, negative Gedanken und Gefühle zu nähren, über das eigene Schicksal zu jammern, über andere herzuziehen, zu lästern und zu tratschen oder sich gegenseitig in seinen Vorurteilen und Ängsten zu bestätigen, dann solltest du aus dieser Freundschaft aussteigen. Beende, was dich runterzieht, dir die Stimmung verdirbt und dir Energie raubt.

Apropos Energie: Auf Freunde, die Kontrolle über dich ausüben und dich bevormunden wollen oder immer alles besser wissen und dir Vorwürfe machen, kannst du gut verzichten. Wenn eine Freundin oder ein Freund ein Energievampir ist, merkst du das daran, dass du erschöpft und pessimistisch bist, nachdem ihr zusammen wart. Natürlich ist es unter Freunden ganz normal, gelegentlich zu lästern oder auf die Welt und die Politik zu schimpfen – Anlass dazu gibt es ja auch mehr als genug. Achte aber darauf, das Blumenbeet deiner Freundschaft so oft wie möglich mit frischem, klarem Wasser statt mit Essig zu gießen.

Aus einer giftigen Freundschaft auszusteigen heißt übrigens nicht unbedingt, die oder den anderen zu verlassen. Obwohl das oft die einfachste Möglichkeit ist, kannst du auch innerhalb der Beziehung Veränderungen bewirken. Das erfordert allerdings einiges an Selbstreflexion und Beobachtung: Wann lässt du dich von der Weltanschauung oder Meinung deiner Freundin oder deines Freundes von deinen eigenen Werten abbringen? Wie kannst du für mehr Toleranz untereinander sorgen? Welchen Unterhaltungen solltest du den Gesprächsstoff entziehen, damit es euch nicht immer tiefer in die Abwärtsspirale zieht? Wie kannst du deine eigene

Ausrichtung auf eine Weise verändern, die nicht nur deine Freundin oder deinen Freund, sondern auch dich selbst auf eine positivere, lichtvollere Bahn führt?

Auf all das werden wir in den nächsten Kapiteln noch zu sprechen kommen. Fürs Erste genügt es, dass du dir der Negativität bewusst wirst, sobald sie vorherrscht. Und das zu erkennen ist sehr einfach, wenn du auf deinen Bauch und auf dein Herz hörst.

Den Garten
der Freundschaft pflegen

»Die wirklich wertvollen Dinge im Leben brauchen
Zeit, um wachsen zu können – Liebe, Verbundenheit,
Freundschaft.«

Alle Menschen sehnen sich nach Glück. Das ist bei uns und auch bei dir nicht anders. Genau genommen läuft alles, was wir tun, darauf hinaus, Leiden zu vermeiden und das Glück zu finden. Daher sehnt sich jeder von uns im Grunde seines Herzens auch nach erfüllenden Beziehungen.

Wir brauchen keine Studien, die die positiven, heilsamen Wirkungen guter sozialer Verbundenheit auf Körper und Seele belegen – wir wissen das alles selbst ganz gut. Doch was viele nicht wissen, ist, wie groß ihr eigener Einfluss dabei ist. Ob es darum geht, ruhiger und gelassener zu werden, mehr Freude in unserem Leben zu erfahren oder eben auch bereichernde Beziehungen zu unseren Freund*innen zu haben – solange wir nur in unserer Komfortzone oder auf dem Sofa sitzen bleiben und mal abwarten, was passiert, können wir lange warten.

Es braucht ein *Ziel*, eine *Entscheidung* und vor allem *Kultivierung* – ein Begriff, der im Fernen Osten gern verwendet wird und die Sache besser beschreibt als »Übung«, weil man dabei nicht so leicht an Gymnastik denkt. Schon wenn es darum geht, neue Freundinnen oder Freunde zu finden, müssen wir das wollen und uns darum bemühen. Um den Kontakt zu unseren Freunden aufrechtzuerhalten, müssen wir das ebenfalls wirklich wollen. Und erst recht brauchen wir eine klare Ausrichtung, wenn wir in unseren Freundschaften mehr Vertrauen, Mitgefühl, Wertschätzung und eine tiefe Verbundenheit, wenn wir also Seelenverwandtschaft erleben möchten.

Freundschaften lebendig halten

Freundschaften zu erhalten ist nicht selbstverständlich. Das hast du sicher auch schon gemerkt. Zu einigen unserer alten Freundinnen und Freunde haben wir jeweils den Kontakt verloren. Jeder hängt in seinem Leben fest, man hat sich auseinandergelebt, ist vielleicht weggezogen. Jedenfalls haben wir irgendwann bemerkt, dass sie nicht mehr anrufen und uns scheinbar vergessen haben – aber um ehrlich zu sein ist das auch kein Wunder, da wir uns bei ihnen auch nicht mehr melden und die Freundschaften eigentlich nur noch in der Erinnerung leben. In einigen Fällen ist das ganz gesund, da es ja nicht sinnvoll ist, zu sehr an der Vergangenheit festzuhalten. Es gibt aber auch Menschen, die uns noch immer nahestehen, mit denen wir uns sehr verbunden fühlen und die wir sogar als Seelenverwandte bezeichnen würden, auch wenn wir schon lange nichts von ihnen gehört haben. Höchste Zeit, sie mal wieder zu kontaktieren, denn während diese Zeilen hier entstehen, wird auch uns wieder einmal bewusst, dass Freundschaften vom Austausch leben.

Vielleicht bist du traurig oder enttäuscht, wenn deine alten Freundinnen oder Freunde scheinbar immer weniger Zeit für dich haben, dich am Telefon abwürgen oder sich womöglich gar nicht mehr bei dir melden. Das kann natürlich verschiedene Gründe haben, aber einer, an den wir oft nicht denken, ist, dass wir unsere Freundschaften selbst bewusst pflegen müssen, wenn wir uns intensive Beziehungen wünschen. Viele Menschen pflegen ihre Wohnungen, ihre Badezimmer und (vor allem Männer) ihre Autos, als hinge ihr Leben davon ab. Wir pflegen unsere Haut, unsere Haare und unsere Gesundheit. Dass jedoch auch Freundschaften viel Pflege brauchen, daran denken wir zu selten.

Wer seine Blumenbeete nicht gießt und das Unkraut wild wuchern lässt, ist kein guter Gärtner. Wer sich bei seinen Freund*innen nicht mehr meldet, ist kein guter Freund. Es gibt natürlich Lebensphasen, in denen die Kontakte leiden – zum Beispiel wenn wir beruflich sehr eingespannt sind oder unsere Familie auf Platz eins unserer Prioritätenliste steht. Oft dauert es dann, bis die Kinder das Haus verlassen, wir in Rente gehen oder irgendwann in eine tiefe Krise stürzen, bis wir uns wieder an unsere Freund*innen erinnern. Doch leider kann es leicht passieren, dass wir dann plötzlich ganz allein dastehen. Ein Grund mehr, Freundschaften lebenslang zu pflegen.

Bevor wir uns zwei Wege, Freundschaften zu kultivieren, anschauen, zunächst eine kleine Reflexion:

Reflexion:
Was muss sich ändern?

Mach's dir gemütlich, mach die Tür und dann die Augen zu und denk kurz über die folgenden Fragen nach:

- Bist du zufrieden mit deinen Freundschaften? Erfährst du mit deiner Freundin oder deinem Freund die Nähe und Verbundenheit, nach der du dich sehnst?

- Gibt es alte Freundschaften, die du gern wieder auffrischen würdest – Menschen, die zu wichtig und kostbar sind, um nur noch als Eintrag in deiner Kontaktliste zu existieren?

- Gibt es etwas, dass du tun kannst, um deine Freundschaften zu intensivieren?
- Was könntest du in Zukunft anders machen? Was wäre hilfreich und worauf solltest du besser verzichten?

Der äußere Weg zu mehr Verbundenheit

Dies ist die erste Möglichkeit. Wie zeigt man jemandem, dass man ihn mag? Zum Beispiel durch kleine Geschenke, denn die erhalten ja bekanntermaßen die Freundschaft. Nicht nur in der Ehe oder Partnerschaft, sondern auch in freundschaftlichen Beziehungen wird die Wirkung kleiner Aufmerksamkeiten gewaltig unterschätzt. Jede Frau dürfte sich freuen, wenn ihr Liebster ihr Blumen mitbringt. Dabei geht es weniger um den Blumenstrauß, als darum, zu symbolisieren: »Du bist mir wichtig.« Unter Freundinnen oder zwischen guten Freunden wäre es natürlich etwas seltsam, sich rote Rosen zu schenken – das Symbol passt da nicht, wohl aber das Prinzip. Zeige deinen Freund*innen immer wieder einmal, dass du an sie denkst.

Vielleicht willst du deiner Freundin ihr Lieblingsbuch besorgen oder auf dem Flohmarkt nach einer schönen Tasse Ausschau halten, weil ihre alte beim Abspülen kaputtgegangen ist. Oder du rufst deinen Freund an, weil du gehört hast, dass ein WG-Zimmer frei geworden ist, und weißt, dass er eine Bleibe sucht. Vielleicht ergibt sich die Gelegenheit, deinen Freund vom Bahnhof abzuholen oder ihm zu helfen, sein Zimmer zu streichen. Oder du bringst deiner Freundin ein kleines Souvenir aus dem Urlaub mit oder schreibst ihr eine Postkarte. All diese kleinen Gesten der Freundschaft sind vielleicht unscheinbar, aber sie sind Balsam für eure Beziehung.

Ein Geschenk muss nicht unbedingt materiell sein. Wenn du deinen Freund*innen sagst, dass sie dir wichtig sind, machst du ihnen wahrscheinlich ein größeres Geschenk, als wenn du Schokoladenpralinen mitbringst (es kommt natürlich immer auf die Freundin beziehungsweise den Freund an ...). Auch ein einfaches »Danke« kann Wunder wirken. »Danke, dass du für mich da bist«, »Danke, dass du das für mich tust« ... oder wie auch immer du es formulieren willst. Dankbarkeit ist eine schöne Möglichkeit, Verbundenheit zum Ausdruck zu bringen. Darüber hinaus ist jedes »Danke« auch ein Schritt auf dem Weg zu mehr Lebensfreude und Zufriedenheit. Jedes Mal, wenn du »Danke« sagst, richtest du deinen Geist auf Fülle, statt auf Mangel aus – dir wird bewusst, was du hast.

Eine weitere Methode, um deine Freundschaften zu pflegen, besteht im Tun – oder besser gesagt darin, etwas gemeinsam zu tun. Je mehr du und deine Freunde zusammen unternehmen, je mehr gemeinsame Erlebnisse ihr schafft, desto stärker wird das Band eurer Freundschaft werden. Gemeinsame Erlebnisse verbinden, gemeinsam erlebte Abenteuer schweißen zusammen und sind nicht umsonst das Thema vieler Jugendromane.

In einem Brief an einen Freund schrieb Johann Wolfgang von Goethe: »Denn die Menschen treffen viel mehr zusammen in dem, was sie tun, als in dem, was sie denken.« Gemeinsame Interessen und Hobbys verbinden: Ob ihr zusammen einen Spaziergang macht, zum Shoppen oder ins Kino geht, ob ihr gemeinsam etwas kocht, esst oder trinkt, ob ihr Musik macht, Musik hört, zum Picknicken geht oder Tischtennis spielt – was ihr tut, ist nicht wichtig, sondern dass ihr es gemeinsam tut und Spaß daran habt. Und falls sich die Gelegenheit ergibt, mit deiner Freundin oder deinem Freund einen Ausflug zu machen, ein Wochenende wegzufahren oder vielleicht sogar auf Reisen zu gehen, dann zögere nicht lange – nichts verbindet so sehr wie eine gemeinsame Fahrt ins Blaue.

Freundschaftsrituale sind ebenfalls eine wundervolle Möglichkeit, das Zusammensein mit Freund*innen zu feiern und zu pflegen. Diese Rituale sind nichts anderes als gemeinsame Routinen, feste Termine, zu denen man sich trifft, um zum Beispiel zum

Schwimmen und in die Sauna zu gehen oder sich auf einen Drink in der Bar zu treffen. Eines unserer Freundschaftsrituale besteht darin, dass wir uns – nicht täglich, aber doch sehr oft – nachmittags in München im Englischen Garten treffen, eine große Runde spazieren gehen und anschließend einen Cappuccino trinken. Das gibt uns Gelegenheit zu plaudern, über Projekte zu sprechen oder Alltäglichkeiten auszutauschen. Und Bewegung schadet ja bekanntlich auch nicht.

Den Garten der Freundschaft zu pflegen, heißt also überhaupt nicht, dass du etwas Großartiges oder Besonderes tun solltest. Es sind die vielen kleinen, einfachen Dinge, die gute Freundschaften ausmachen. Jede noch so kleine Geste zählt – und das umso mehr, je achtsamer und mitfühlender du bist.

Der innere Weg zur Seelenverwandtschaft

Dies ist die zweite Möglichkeit, der Freundschaftspflege. Wir wissen natürlich nicht, warum du zu unserem Buch gegriffen hast, aber wir vermuten mal, dass du dich nach intensiven und authentischen Freundschaften sehnst. Vielleicht erinnerst du dich an die drei Arten von Freundschaft, die Aristoteles beschrieben hat (siehe Kapitel »Echte Freunde sind ein kostbarer Schatz«). Die *Freundschaft aus Nutzen* ist mit großer Vorsicht zu genießen. Die *Freundschaft aus Lust* ist hingegen recht unterhaltsam und hat sicher ihre Berechtigung. Aber nur die *Charakter- oder Tugendfreundschaft* ist es, auf die laut Aristoteles Verlass ist. Und nur sie fördert unser inneres Wachstum und kann uns wirklich erfüllen.

Statt von Charakter- oder Tugendfreundschaft wollen wir lieber von Seelenverwandtschaft sprechen, denn so ist klarer, was wir meinen – dass wir in diesen Freundschaften nämlich seelisch mit unseren Freund*innen verbunden sind. Dafür braucht es Menschen, die unsere Werte teilen und nach neuen, lebendigeren Wegen suchen, Verbundenheit zu erfahren. Es braucht Menschen, die bereit sind, gemeinsam mit uns die Welt zu verändern. Klingt das abgehoben? Kein Wunder. Aber ob es dir klar ist oder nicht: Mit jedem Gedanken, den du denkst, und mit jeder Stimmung, die du in dir nährst, veränderst du tatsächlich deine Umwelt, und zwar in jedem einzelnen Augenblick. Und gemeinsam mit deinen Freund*innen hast du noch viel größeren Einfluss.

Den inneren Weg zu gehen, der zu tiefer Verbundenheit zwischen dir und deinen Freund*innen führt, ist einfach, aber leider nicht leicht. Wir haben die Erfahrung gemacht, dass wir keine »100 Tipps« brauchen – weder um glücklich zu sein noch um glückliche Beziehungen zu führen. Je einfacher und nahe liegender, desto besser. Wir brauchen nur zwei Flügel, um frei zu sein – zwei Qualitäten, die unserem Leben Sinn schenken und durch die wir auch die Menschen um uns herum glücklich machen: *Achtsamkeit* und *Mitgefühl*.

Ein wacher, offener Geist und ein gütiges Herz – mehr ist nicht nötig, um ein Leben in Fülle zu führen; und mehr braucht es auch nicht, um Seelenverwandtschaft erblühen zu lassen. Achtsamkeit und Mitgefühl sind die wichtigsten Säulen so ziemlich aller spirituellen Schulen. »Sei achtsam und liebe« – so lautet auch der wichtigste Ratschlag, den der Buddhismus uns ans Herz legt.

Durch Achtsamkeit und Mitgefühl heilen wir nicht nur die Beziehung zu unseren Freund*innen, sondern auch die Beziehung zu uns selbst. Studien belegen, dass sich Achtsamkeit und Mitgefühl sehr positiv auf unsere Gesundheit und unser seelisches Gleichgewicht auswirken. Schon ein wenig mehr Achtsamkeit, schon etwas mehr Mitgefühl und Dankbarkeit erhöhen die Lebensfreude und Zufriedenheit, stärken ein positives Selbstbild und ermöglichen es uns, erfüllende Beziehungen zu führen.

All das ist an sich selbstverständlich – und doch ist es oft unendlich schwierig, diese Qualitäten in unserem täglichen Leben umzusetzen. Nur selten nehmen wir andere Menschen achtsam und bewusst wahr, geschweige denn, dass wir ihnen freundlich und wertschätzend begegnen. Selbst bei unseren Freundinnen oder Freunden gelingt uns das leider nicht immer. Und sogar uns selbst gegenüber können wir ganz schön grob und unachtsam sein. Kein Wunder! Wir können nämlich weder präsent und achtsam noch mitfühlend sein, solange wir in unserem Kopf – in unseren Sorgen, Selbstzweifeln, Urteilen und all den ruhelosen Gedanken – feststecken. Allerdings ist niemand von uns zu lebenslänglicher Gefangenschaft im Kopf verurteilt. Achtsamkeit und Mitgefühl lassen sich gezielt kultivieren. Es gibt viele Übungen und Meditationen, die du nutzen kannst, um mehr davon zu entwickeln. Und diese Zeit ist gut investiert, denn durch liebevolle Achtsamkeit verbindest du dich mit deiner inneren Quelle und zugleich mit allen Menschen, die dir in deinem Leben begegnen. Schauen wir uns beide Qualitäten also einmal genauer an.

Achtsamkeit.
Die Kunst, präsent zu sein

Präsenz ist alles. Nur wenn du präsent bist, bist du voll da und mitten in deinem Leben gelandet. Dann bist du in der Wirklichkeit verankert und in Berührung mit dem vielzitierten Hier und Jetzt. Achtsamkeit ist der Weg, der dich zur Präsenz führt. Achtsamkeit hilft dir, aufzuwachen und aus dem Roboterdasein auszusteigen.

In unserer Alltagstrance handeln wir wie ferngesteuert: Wenn wir uns anziehen, frühstücken, in die Arbeit fahren, Mails beantworten oder uns abends einen Film anschauen, ja sogar, wenn wir unsere Freunde treffen, überlassen wir die Kontrolle oft dem »Autopiloten«, der irgendwo in unserem Gehirn sitzt und meint, dass er das Sagen hätte. Und wenn wir ihn gewähren lassen, ist das im besten Fall langweilig und abstumpfend, im schlimmsten schaden wir aber unserer Gesundheit, unseren Beziehungen und lassen unser Potenzial verkümmern.

Unachtsam, abgelenkt, unaufmerksam zu sein und automatisch mit negativen Gefühlen und Gedanken auf Reize zu reagieren – zum Beispiel auf die Meinungen anderer Menschen oder das Wetter – macht dich nicht nur unfrei, sondern auch unglücklich. Und nicht zuletzt vergibst du dir dadurch die Chance, die Zeit mit deinen Freund*innen bewusst zu erleben, sie zu genießen und besondere Momente überhaupt als besondere Momente wahrzunehmen. Schon Buddha hat betont, dass es eine wunderbar hilfreiche Methode gibt, um uns von Sorgen, Kummer und Leid zu befreien, Ängste loszulassen, Gelassenheit zu entwickeln und den Weg zu uns selbst zu finden – und die Methode heißt *Achtsamkeit*.

Das wertvollste Geschenk, dass du dir selbst und deinen Freund*innen machen kannst, ist, dass du ganz bei dir bist und dass du zugleich ganz bei ihnen bist. Vor nicht allzu langer Zeit saß ich mit einem Freund im Café – wir hatten beide eine Latte macchiato und ein Croissant bestellt. Mein Freund hatte sein neues Smartphone in der Hand und entschuldigte sich, dass er noch kurz etwas einrichten und checken müsse. In der nächsten Viertelstunde, in der ich mir die Zeit damit vertrieben habe, die Leute anzuschauen, an den Fingernägeln zu kauen und die Speisekarte auswendig zu lernen, hat er kein einziges Mal von seinem Handy aufgeschaut. Die Latte macchiatos waren längst getrunken, die Croissants verspeist – ob er etwas davon geschmeckt hat, weiß ich nicht. Dass Ablenkung und Zerstreuung Freundschaften nicht guttun, das weiß ich allerdings genau.

Sicher kennst du das auch: Du willst deiner Freundin oder deinem Freund etwas erzählen, vielleicht sogar etwas Wichtiges – aber sie oder er ist gedanklich ganz woanders und hört nicht richtig zu. Das Smartphone liefert jede Menge Stoff stumpfsinniger und nichtsdestotrotz fesselnder Unterhaltung und beamt jeden, sofern er nicht wahnsinnig aufpasst, in Sekundenschnelle aus der

Wirklichkeit des Hier und Jetzt in die Welt von Google, YouTube, Facebook und all ihren aufgeregten Gesellen.

Fairerweise muss man sagen, dass all diese digitalen Entertainer Zerstreuung und Abwesenheit nur triggern und verstärken. Auch ganz ohne Smartphone sind wir leider sehr oft alles andere als gegenwärtig. Der menschliche Geist neigt nun einmal zur Zerstreuung. Monkey Mind, sagt man in buddhistischen Kreisen – »Affengeist«: ein wildes Herumgehüpfe von einem Ast zum andern, von einem überflüssigen Gedanken zum nächsten.

Achtsamkeit ist eine Brücke, die zu mehr Verbundenheit zwischen uns Menschen führt. Sie hilft dir, zu erkennen, wie kostbar Freundschaften sind. Wenn du achtsam bist, spürst du nicht nur dich selbst und deine Bedürfnisse besser, sondern es fällt dir auch leichter, deinen Freund*innen entspannt und wertschätzend zu begegnen. Achtsamkeit hilft dir, wahre Freunde zu erkennen, neue Verbindungen zu knüpfen und Freundschaften wachsen zu lassen.

Der unscheinbare Schatz

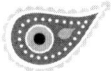

Emanuel feierte seinen sechzigsten Geburtstag. Er war ein genialer und allseits beliebter Gelehrter an der Universität, und so kamen alle seine Kollegen und Lieblingsstudenten. Jeder brachte dem Professor ein Geschenk mit. Die, die reich waren, brachten seltene, kostbare Bücher, unbezahlbare alte Weine oder wertvolle Kunstwerke großer Künstler mit; die, die wenig Geld hatten, brachten Geschenke, die ebenso wertvoll waren, da sie ihre ganze Kreativität und Liebe für den Professor in ihre Geschenke gesteckt hatten. Dennoch war Professor Emanuel ein wenig traurig, denn sein ältester und bester Freund war nicht nur zu spät zur Feier gekommen, sondern hatte ihm lediglich ein Fläschchen eines unbedeutenden Weines geschenkt. Nun legte Emanuel an sich gar keinen Wert darauf, teure Geschenke zu bekommen, doch dass sich sein bester Freund nicht etwas mehr Gedanken gemacht hatte, traf ihn doch im Herzen. Obwohl er seinen alten Freund über alles liebte, schien er, Emanuel, dem Freund wohl nicht so wichtig zu sein. Er ließ sich jedoch nichts anmerken, bedankte sich und stellte das belanglose Fläschchen ganz hinten auf den Gabentisch. Die Feier konnte er jedoch nicht recht genießen und war froh, als alle Gäste schließlich gegangen waren. Sein guter Freund hatte sich zuvor schon früh verabschiedet.

Als Emanuel die Woche darauf an seiner Lektüre saß, hatte er Lust auf ein Gläschen Wein. Da sah er die Flasche, die ihm sein Freund mitgebracht hatte, auf dem Regal stehen. Die Flasche war klein, gerade richtig für den Anlass. Und auch wenn der Wein keinen großen Namen hatte, so war es für diesen Abend schon in Ordnung – auch hatte Emanuel keine Lust, in seinen Weinkeller hinabzusteigen. Also nahm er das Fläschchen und begab sich wieder in seinen Lesesessel.

Bevor er die Flasche öffnete, sah er sich das Etikett einmal genau an, denn so war es seine Gewohnheit bei jeder Flasche Wein, die er trank. Aber was war das? Offenbar war der Wein genau im Jahr seiner Geburt abgefüllt worden. Er hob die Augenbrauen. Sein Freund hatte sich also doch mehr Gedanken gemacht. Emanuel schalt sich selbst ein wenig, dass er seinen Freund an dem Abend so kühl behandelt hatte. Je länger er auf das Etikett starrte, auf dem ein Weingut abgebildet war, desto größer wurden seine Augen. Jetzt erkannte Emanuel, dass er genau dieses Weingut in seiner Jugend gemeinsam mit seinem Freund besucht hatte. Sie waren lange gewandert und als arme Studenten auf diesem Weingut freundlich aufgenommen worden; sie hatten dort zwei Wochen verbracht und bei der Ernte geholfen. Beide hatten sie sich in die Tochter des Weingutbesitzers verliebt – und sein Freund hatte sich freiwillig zurückgezogen, um ihm, seinem besten Freund, den Vortritt zu lassen. Aus der Liebelei hatte sich nichts weiter ergeben, und Emanuel hatte seinem Freund nie für dessen Großzügigkeit gedankt. Das war nun nahezu vierzig Jahre her! Wenn er seinem Freund das nächste Mal begegnete, würde er sich für seine Freundschaft bedanken. »Besser spät als nie«, dachte er.

Emanuel wollte das Fläschchen gerade öffnen, als er etwas Seltsames bemerkte. Ja – jetzt erkannte er es und begriff staunend, dass das Etikett nicht gedruckt war – es war ein filigranes Miniaturgemälde. Und war da nicht sogar eine Signatur? Emanuel stockte der Atem: Kein Geringerer als Lautenbacher, der berühmte Maler des Königs, hatte diese Miniatur gemalt! Er betrachtete das Gemälde fasziniert. Da war das Weingut, aber da waren auch drei Figuren abgebildet. Er holte seine Lupe und studierte die winzigen Figuren, die im Gutshof standen. Tatsächlich – das war er selbst, in jungen Jahren! Und sein Freund! Und das süße Töchterlein des Gutsbesitzers. Emanuel stiegen die Tränen in die Augen.

Der Wein blieb verschlossen. Ganz vorsichtig trug er das Fläschchen zu seinem Vitrinenschrank, räumte ein paar kostbare Vasen zur Seite und gab dem Geschenk seines Freundes einen Ehrenplatz.

Gleich am nächsten Tag würde er ihn besuchen und sich für seine Unachtsamkeit entschuldigen.

Achtsamkeit ist vielleicht anders, als du denkst

Grundsätzlich finden wir es großartig, dass Achtsamkeit heute in aller Munde ist. Schade nur, dass sie es nicht auch bis in alle Herzen geschafft hat. Ein wichtiger Grund dafür dürfte sein, dass viele Menschen, die sich mehr Achtsamkeit wünschen, gar nicht so genau wissen, was Achtsamkeit wirklich ist.

Es gibt Achtsamkeit im alltäglichen Sinn, wir sagen zum Beispiel zu unseren Kindern, dass sie »schön achtsam« sein sollen, wenn sie über die Straße gehen. Achtsam zu sein bedeutet in diesem Zusammenhang nichts anderes, als aufzupassen und nicht vor sich hinzuträumen – und das ist ja schon mal ein guter Anfang.

Im spirituellen Sinne geht es bei der Achtsamkeit aber noch um viel mehr als darum, nicht vom Laster überfahren zu werden. Die Achtsamkeitstechniken, die heute in der Therapie und in der

Persönlichkeitsentwicklung eingesetzt werden, gehen auf den US-amerikanischen Biologen John Kabat-Zinn zurück. Durch die Entwicklung seiner MBSR-Methode hat er in den 1970er-Jahren den Grundstein für den heutigen Achtsamkeitstrend gelegt. »MBSR« ist die Abkürzung für »Mindfulness-Based Stress Reduction« und ist bei uns als »Stressbewältigung durch Achtsamkeit« bekannt. Eigentlich liegt der Ursprung der Achtsamkeit jedoch im Buddhismus, wo Achtsamkeit als Weg zur inneren Freiheit gilt. Der Pali-Begriff *sati* lässt sich zwar mit »Achtsamkeit« übersetzen, beschreibt darüber hinaus aber auch eine meditative Grundpraxis des Buddhismus. Sati meint die Qualität des menschlichen Geistes, sich vollständig dessen bewusst zu sein, was gegenwärtig in ihm ist.

Hier ist eine Definition der Achtsamkeit, die der buddhistischen Auffassung recht nahe kommt: »Achtsamkeit ist eine bestimmte Form der Aufmerksamkeit, die absichtsvoll ist, sich auf den gegenwärtigen Augenblick und nicht auf Vergangenheit oder Zukunft bezieht und die frei von Wertungen und inneren Kommentaren ist.«

Die Absicht zählt

»Absichtsvoll« heißt, dass du es nicht dem Zufall überlässt, ob du geistesgegenwärtig bist oder nicht. Du entscheidest dich dafür, achtsam zu sein – zum Beispiel, wenn du im Bus sitzt, dein Geschirr abspülst oder deine beste Freundin triffst. Du kannst zwar nicht den ganzen Tag achtsam sein, aber du kannst bestimmte Zeiten wählen, in denen du deine Antennen darauf ausrichtest, dich und dein Umfeld im jeweiligen Augenblick spürend wahrzunehmen, statt dich von deinen Gedanken forttragen zu lassen.

Jede Begegnung mit deinen Freund*innen bietet dir die Gelegenheit, ganz da zu sein, statt am Smartphone herumzufummeln oder nur mit einem Ohr zuzuhören, weil du in Gedanken noch bei deinem Job bist. Die Absicht, achtsam zu sein, bewahrt dich nicht davor, gedanklich abzuschweifen – das ist ganz normal und wird dir immer wieder passieren. Die Übung der Achtsamkeit besteht vielmehr darin, jedes Mal wieder innezuhalten und dich in die Gegenwart zurückzuholen, sobald du bemerkst, dass du nicht mehr in Kontakt zu dir selbst oder deinen Freund*innen bist.

Gegenwärtig sein

Präsenz ist der wichtigste Aspekt der Achtsamkeit, doch leider ist es alles andere als selbstverständlich, dass wir präsent sind. Präsenz ist die Fähigkeit, sensibel, wach und offen auf das zu reagieren, was in diesem Moment unseres Lebens geschieht. Der entscheidende »Trick« besteht darin, deine gesamte Aufmerksamkeit auf all das zu richten, was du im gegenwärtigen Augenblick wahrnehmen kannst – um dich herum, vor allem aber auch in dir selbst. Du kannst immer nur im Jetzt achtsam sein, und da ja immer »Jetzt« ist, hast du sehr viele Gelegenheiten zu üben. Statt ständig in Sorge zu sein, Ängste zu nähren, die Zukunft zu planen, darüber zu grübeln, was heute noch alles zu erledigen ist, wer was wann zu dir gesagt hat und warum, an dir selbst zu zweifeln oder dich zu kritisieren, fokussierst du dich auf deine Erfahrungen in der Gegenwart. Dadurch befreist du dich selbst von all dem Ballast in deinem Kopf und schaffst zugleich optimale Bedingungen dafür, deinen Freund*innen offen und mitfühlend zu begegnen.

Achtsam im Jetzt zu sein heißt nicht, dass du ständig entspannt bist oder dass in deinen Freundschaften immer alles in Butter ist. Das wird oft missverstanden, wenn man Achtsamkeit als Entspannungsmethode ansieht – das ist sie aber nicht. Du kannst achtsam bemerken, dass du unausgeschlafen bist oder Kopfweh hast. Nicht immer wird die Stimmung gut sein, wenn du deine Freunde triffst – manchmal herrscht auch Langeweile, die Atmosphäre ist bedrückt oder vielleicht auch angespannt. Achtsam zu sein heißt aber gerade nicht, dass du versuchst, möglichst viele positive Erfahrungen zu sammeln. Auch wenn die Dinge mal nicht so gut laufen, wenn du oder deine Freunde unausgeglichen seid oder ihr mit einer Krise umgehen müsst: Es ist, wie es ist. Achtsamkeit hilft euch, mit dem, was ist, in Frieden zu sein und die Dinge weder zu verdrängen noch vor ihnen wegzulaufen.

Das Entscheidende ist, dass du erkennst, dass jeder Augenblick mit deinen Freunden ein kostbarer Augenblick ist. Auch wenn es eine schwierige Zeit ist, ist es eine gute Zeit, wenn du sie mit deinen Freundinnen oder Freunden verbringen kannst. Zeit miteinander zu teilen, sich gegenseitig wahr- und ernst zu nehmen und sich dessen bewusst zu sein, was der jeweils andere denkt und fühlt – gemeinsam achtsam zu sein, ist eine wundervolle Art, Freundschaften zu pflegen und zu erhalten. Ganz so, wie es der Mystiker Meister Eckhart schrieb: »Immer ist die wichtigste Stunde die gegenwärtige. Immer ist der wichtigste Mensch der, der dir gerade gegenübersteht. Immer ist die wichtigste Tat die Liebe.«

Meister Wu oder das Geheimnis der Achtsamkeit

Meister Wu hatte einen Schüler höchsten Grades. Der hatte die Erleuchtung erfahren und das höchste Bewusstsein kennengelernt. Und doch wusste er, dass sein Meister weit über ihm in der Erkenntnis stand – aber was sein Geheimnis war, wusste er nicht. Als er darüber mit dem Meister sprach, sagte dieser: »Nur Beharrlichkeit.«

Der Schüler konnte dies nicht glauben. Da sprach der Meister: »Ich werde dir das Geheimnis verraten, wenn du dich würdig erweist. Doch sieh dich vor: Die Prüfung ist gefahrvoll!«

Ohne zu zögern willigte der Schüler ein. Der Meister zog sein Schwert und reichte dem Schüler eine Holzschale. »Nun denn: Nimm diese Schale, füll sie bis zum Rand mit Wasser und trag sie dreimal um den

Tempel. Doch für jeden Tropfen, den du verschüttest, werde ich dir einen Finger abschlagen.«

Der Schüler wurde bleich, doch tat er, wie ihm geheißen war. Schritt für Schritt ging er mit der Wasserschale um den Tempel, einmal, zweimal, dreimal – und verschüttete nicht einen einzigen Tropfen.

Freudestrahlend und stolz stand er vor dem Meister, bereit, das Geheimnis zu empfangen.

Der Meister lächelte: »Ich mache es genauso, wie du die Wasserschale getragen hast. Nur, dass ich beharrlich dabei bleibe und es mit allen Dingen so halte.«

Gemeinsam im Augenblick sein

Das Wesentliche scheint oft so einfach zu sein: Lass dich ganz auf den Augenblick ein. Lass dich von deinen Gedanken und Fantasien nicht in die Vergangenheit oder Zukunft tragen. Richte deine Achtsamkeit entspannt und freundlich auf dich selbst und auf deine Freundin oder deinen Freund.

Das Handy auszuschalten ist ein guter Anfang. Durch die folgende Übung kannst du deine Achtsamkeit in der Begegnung mit deinen Freund*innen jedoch auch ganz gezielt entwickeln. Dazu richtest du deine Aufmerksamkeit abwechselnd auf dich selbst und dann auf dein Gegenüber. Öffne deinen Geist und dein Herz. Beobachte achtsam, was sie oder er tut oder sagt, und versuche auch zu »sehen«, was in deiner Freundin oder in deinem Freund vorgeht.

Mach das eine Weile und richte die Aufmerksamkeit dann auf dich selbst: Was geht dir gerade durch den Sinn? Was möchtest du vielleicht sagen? Welches Gefühl, welche Stimmung herrscht gerade in dir vor? Wie fühlt sich dein Körper an? Kannst du deinen Atem spüren? Die Übung besteht darin, deine Achtsamkeit immer wieder zwischen dir und deinem Gegenüber hin- und herpendeln zu lassen.

Dieses »Fokus-Pendeln« könnte zum Beispiel so aussehen:

- Du richtest den Fokus auf dich selbst: Nimm deinen Körper und deine Haltung wahr. Versuche, dich so gut es geht zu entspannen und zur Ruhe zu kommen.

- Du richtest den Fokus dann auf deine Freundin oder deinen Freund: Hör zu, was er oder sie sagt, und versuche, es nicht zu bewerten oder innerlich zu kommentieren.

- Du lenkst deinen Fokus wieder auf dich selbst: Wie reagierst du innerlich auf das, was dein Gegenüber sagt oder tut? Tauchen bestimmte Gefühle auf? Was kannst du loslassen? Beobachte, wie dein Atem kommt und geht, ohne ihn zu beeinflussen.

- Erneut richtest du den Fokus auf den anderen: Beobachte achtsam seine Körperhaltung und Körpersprache. Was will dir der andere sagen, wie klingt seine Stimme? Versuche herauszufinden, was ihm gerade wichtig ist.

- Du lenkst den Fokus dann wieder auf dich selbst: Ist es dir möglich, dich noch mehr in die Situation hinein zu entspannen? Kannst du einen besseren Kontakt zu deiner Freundin oder deinem Freund herstellen, indem du lächelst und aktiv dein Herz öffnest? Oder regt sich in dir Widerstand – fühlst du dich unwohl?

- Nimm einfach alles wahr, was dir bewusst wird. Es geht nicht darum, etwas gut oder richtig zu machen, sondern nur darum, achtsam und offen zu sein für das, was hier und jetzt gerade da ist.

Das Geheimnis des Trapezkünstlers

Zwei abenteuerlustige Jungen wollten zum Zirkus gehen – nicht als bloße Zuschauer, sondern als richtige Artisten. Die beiden Freunde kletterten gern, und so beschlossen sie, Akrobaten zu werden.

»Ich bin der Kräftigere von uns beiden«, sagte Karl, »und du, David, bist geschickter als ich. Also steigst du auf meine Schultern.«

David nickte. »In Ordnung. Doch du musst auf mich achtgeben – und ich auf dich.«

»Nein«, erwiderte Kurt. »Besser ist es, wenn jeder auf sich selbst achtgibt – dann sind wir beide sicher.«

Und so begannen die beiden Freunde miteinander zu streiten, welche Methode nun wohl die bessere sei. Da kam ein Mann vorbei, hörte den Jungen ein wenig zu und begann dann laut zu lachen. Verwundert unterbrachen Karl und David ihr Streitgespräch und sahen den Fremden fragend an. Der wischte sich die Tränen aus den Augen und sprach: »Es sieht so aus, als wolltet ihr Akrobaten werden. Nun, solange ihr streitet und hübsch auf dem Boden bleibt, wird euch wohl nichts passieren.« Und wieder brach er in Gelächter aus.

»Soso. Du bist also ein großer Artist und weißt es sicher besser, oder wie?«, sagte Karl ironisch.

Der Fremde nickte. »Du hast es erfasst – wenn ihr bereit seid zu hören, was ich sage, könnt ihr bestimmt noch etwas lernen.«

Karl und David sahen den Fremden skeptisch an. Der fuhr fort: »Wenn ein Akrobat nur auf seinen Partner sieht, wird er bald fallen.«

»Ha!«, rief Karl triumphierend.

»Und wenn der Akrobat nur auf sich selbst sieht und nicht auf seinen Partner achtet, wird er ebenso fallen.«

Karls Grinsen verschwand.

»Ein guter Akrobat gibt auf sich selbst und seinen Partner acht. Die besten Akrobaten aber wissen, dass sie und ihr Partner eins sind – und so achten sie auf das Ganze und leisten Großes.«

Der Fremde wandte sich zum Gehen und ließ die beiden Jungen sprachlos zurück. Erst als er schon ein ganzes Stück gegangen war, liefen ihm die beiden hinterher und dankten ihm für seinen Rat.
»Bist du etwa selbst Akrobat?«, fragte David.
Der Fremde lächelte und fischte zwei Karten aus seiner Tasche. »Besucht mich doch später im Zirkus.« Die beiden Freunde staunten und bedankten sich. Noch am selben Abend standen sie vor dem Zirkuszelt und sahen ein Plakat, auf dem zwei Artisten abgebildet waren. In großen Lettern stand dort: »Die Weltsensation am Trapez – Fred und Fabia.«
Karl und David starrten das Plakat lange an – denn der Mann war eben jener Fremde, der sie das Geheimnis der Akrobaten gelehrt hatte.

Offen und neugierig

Offenheit, Neugier und Aufnahmefähigkeit sind wichtige Aspekte der Achtsamkeit. Offen zu sein bedeutet, dass wir jederzeit bereit sind, uns auf Neues einzulassen. Das ist leider schwierig, denn meistens ist unser Geist schon »besetzt«. Im Buddhismus gibt es den Begriff »Anfängergeist« – der Geist eines Anfängers ist immer frisch und aufnahmefähig. Sich diesen frischen Geist zu bewahren oder immer wieder in diesen Zustand kindlicher Neugier zurückzukehren, ist eines der Ziele der buddhistischen Meditation.

In eine Teeschale, die bis zum Rand gefüllt ist, passt kein Tropfen Tee mehr hinein. In einen Kopf, der bis zum Rand mit alten Erinnerungen, Meinungen, Bewertungen und Weltanschauungen gefüllt ist, passt keine neue, lebendige Erfahrung mehr hinein.

Ohne es zu ahnen, stecken wir uns selbst und unsere Freund*innen meist in Schubladen: »Ich bin so; er ist so; das ist gut an mir; das ist schlecht an ihr …« Die Rollen sind bereits festgelegt, die Urteile gesprochen. Das ist schade, denn das Leben passt in keine Schublade. Eine Freundin oder ein Freund auch nicht. Menschen sind lebendig, und zu leben heißt, sich ständig zu verändern.

Achtsamkeit ist nur möglich, wenn wir uns dem gegenwärtigen Moment immer wieder aufs Neue zuwenden. Und das beinhaltet, dass wir auch Freund*innen, die wir schon sehr lange kennen, die Chance geben, immer wieder mal anders zu sein und neue Rollen zu spielen.

Je mehr Vorurteile du hast, je mehr du glaubst, deine Freundin und deinen Freund ja sowieso schon zu kennen, und je öfter du durch den Filter deiner bisherigen Erfahrungen schaust, desto stärker grenzt du dich ab: »Ich bin ich und du bist du (und du bist und bleibst, wie du bist).« Damit ist alles gesagt und die Brücke zu einem lebendigen Wir-Gefühl und zu gegenseitiger Achtsamkeit ist eingestürzt.

Achtsam zu sein bedeutet, unvoreingenommen zu sein, offen zu lassen, was passieren mag, und seinen Anfängergeist zu bewahren. Statt zu denken: »Ich weiß sowieso schon längst Bescheid«, denkst du: »Mal sehen, was kommt – ich bin neugierig und lass mich überraschen.« Und wenn du dir diese Haltung aneignest, wirst du sehen, dass deine Freunde dich ziemlich oft überraschen, denn sie sind sehr viel interessanter als die Schubladen, in die du sie unbewusst hineingesteckt hattest.

Ruhig und gelassen

Ohne ein Mindestmaß an innerer Ruhe kannst du nicht achtsam sein. Wenn du zum Bus rennst, kannst du dir nicht zugleich der Schönheit der Wolken am Himmel gewahr sein. Während du noch schnell drei Mails beantworten musst, bevor die Konferenz beginnt, wirst du währenddessen kaum auf deinen Atem oder deine Körperhaltung achten. Ebenso verpasst du auch jede echte Begegnung mit deiner Freundin oder deinem Freund, wenn du bei eurem gemeinsamen Spaziergang daran denkst, was du nachher noch alles erledigen musst.

Achtsamkeit und Ruhe ergänzen und verstärken sich gegenseitig. Wenn du gelassen bist und das Tempo aus einer Situation herausnimmst, wirst du klarer sehen können. Sobald die Wellen auf dem Wasser sich legen, kannst du in die Tiefe schauen. Achtsam zu sein heißt immer auch, innezuhalten. Der christliche Theologe und Dichter Angelus Silesius schrieb: »Halt an, wo läufst du hin? Der Himmel ist in dir ...« Solange du rennst, läufst du immer am Wesentlichen vorbei. Das bezieht sich allerdings nicht aufs Joggen. Dein Körper kann sich sehr schnell bewegen, trotzdem kannst du dabei achtsam sein. Eine Geigerin, die eine Paganini-Etüde spielt, bewegt ihre Finger und ihren Bogen rasend schnell. Sofern sie eine gute Musikerin ist, wird sie dabei dennoch sehr achtsam sein – fehlt es ihr hingegen innerlich an Gelassenheit, wird sie das Stück nicht besonders gut spielen. Es geht also gar nicht darum, was du äußerlich tust. Ruhe und Gelassenheit sind innere Zustände und sie sind die Voraussetzung dafür, wirklich wach und achtsam sein zu können.

Innehalten ist das Gegenteil von vorauseilendem Denken und leider die Ausnahme, denn der gewöhnliche Zustand unseres Geistes ist es, in Gedanken zu sein, die meist schon ein paar Schritte weiter sind als unser Körper. Egal, ob du allein oder mit deinen Freund*innen zusammen bist – innere Ruhe öffnet dir das Tor zur Fülle des gegenwärtigen Augenblicks. Das Geheimnis besteht darin, Körper und Geist zusammenzuführen: Dein Körper ist ja ohnehin immer im Jetzt – nun musst du nur noch versuchen, deinen Geist ebenfalls im Jetzt ruhen zu lassen.

Was heißt das konkret? Einfach ausgedrückt geht es darum, jede Hektik zu vermeiden, wenn du dich mit deinen Freund*innen triffst. Versuche bewusst, dich mehr und mehr zu entspannen. Lass deinen Atem etwas ruhiger werden oder verlängere das Ausatmen für einige Atemzüge, wenn dir das hilft, zur Ruhe zu kommen. Und vor allem: Genieße die gemeinsame Zeit, denn während du genießt, bist du automatisch sowohl achtsam als auch entspannt.

Nicht bewerten, nicht verurteilen

In der Achtsamkeitsschulung wird immer wieder davor gewarnt, Menschen und Dinge zu bewerten. Es wird geraten, das »Nicht-Bewerten« zu üben. Doch viele Menschen, die meditieren oder Achtsamkeitstechniken anwenden, scheitern an diesem Ideal. Und das ist auch kein Wunder, denn es ist mit Vorsicht zu genießen.

»Nicht-Bewerten« ist ein buddhistisches Prinzip und eine der höchsten Entwicklungsstufen auf dem Weg der Meditation. Was immer das Universum dir präsentiert – es ist okay. Alles ist eins und es gibt keinen Grund, die Dinge in Einzelheiten zu zerlegen und in Gut oder Schlecht einzuteilen. Das hört sich schön an und ist ja auch wahr, verlangt aber einen Grad an Gleichmut, der ehrlich gesagt ziemlich unrealistisch ist.

Im Alltag bewerten wir ständig alles Mögliche: »Es regnet – Mist!« »Die Sonne scheint – super. Endlich schönes Wetter.« »Die Frau da ist sympathisch.« »Der da tickt ja wohl nicht ganz richtig.« »Mein Freund sollte nicht so viel rauchen/reden/trinken …«

Es ist sehr menschlich, Dinge zu bewerten. Und wie sollten wir uns sonst auch für irgendwas entscheiden können? »Magst du lieber Kaffee oder lieber Tee?« Wenn du nicht wertest, kannst du zwar sagen: »Egal – mir ist alles recht.« Aber spätestens, wenn du bei deinem Getränk zwischen Kaffee und Benzin wählen sollst, ist es schlau, deinen Bewertungen zu vertrauen und nicht »egal« zu sagen.

Kurzum: Das Prinzip des »Nicht-Bewertens« darf nicht auf die Goldwaage gelegt werden, sondern ergänzt lediglich die Prinzipien der Offenheit und der Akzeptanz. Wir würden auch lieber von »Nicht-Verurteilen« sprechen, denn darum geht es letztlich. Bleib offen und gelassen, dann wird es dir leichtfallen, deine Freunde (und auch dich selbst) so sein zu lassen, wie sie sind. Wenn dein Freund sich verletzend, unbewusst oder auf andere Weise »falsch« verhält, kannst du ihm das auf freundliche Art sagen – wichtig ist nur, dass du ihn als Menschen trotzdem wertschätzt und unterstützt.

Die Gefahr ständigen Bewertens und innerlichen Kommentierens besteht darin, dass du die Verbindung abbrichst und dich verschließt, statt weiterhin in offenem Kontakt zu deinen Freund*innen zu bleiben und immer wieder achtsam hinzuschauen. Die Kunst besteht jedoch nicht so sehr darin, zu beobachten, ohne zu verurteilen, als vor allem darin, es zu *bemerken*, wenn du den anderen verurteilst.

Sich seiner eigenen Gedanken bewusst zu werden ist der wichtigste Schritt zu mehr Offenheit und Gelassenheit – gerade auch in Freundschaften. Aber: Wenn du wertest, dann wertest du; wenn du andere verurteilst, dann ist das eben so. Versuch nicht, das abzustellen, sondern werde dir einfach nur dessen bewusst, denn genau darin besteht das Geheimnis der Achtsamkeit. Achtsamkeit heißt nicht, die Dinge verändern zu wollen, sondern wahrzunehmen, wie die Dinge sind ...

Mitgefühl.
Die Kunst eines offenen Herzens

Die Essenz der Weisheitslehren aus Ost und West lässt sich in einem einfachen Satz zusammenfassen. Wir haben ihn zwar schon einmal zitiert, da er aber so überaus wichtig ist – auch für dieses Kapitel – wiederholen wir ihn gern noch einmal: »Sei achtsam (darum ging es im letzten Abschnitt) und liebe.«

Achtsamkeit und Liebe schaffen einen fruchtbaren Boden, auf dem dauerhafte, intensive Freundschaften wachsen und gedeihen können. Im Gegensatz zu Achtsamkeit ist Liebe ein problematischer Begriff. Liebe kann sehr egoistisch verstanden werden. Von »Liebe« wird oft gesprochen, obwohl eigentlich Eifersucht, Abhängigkeit oder Erotik gemeint ist. Aus spiritueller Sicht ist es daher sinnvoller, Begriffe wie »Güte«, »Freundlichkeit«, »selbstlose Liebe« oder »Mitgefühl« zu verwenden.

Eine Freundschaft ohne Mitgefühl kann wohl kaum als Freundschaft bezeichnet werden. Mitgefühl öffnet dein Herz für eine ganze Palette an positiven Qualitäten und Gefühlen wie Vertrauen, Freude, Fürsorge, Herzenswärme und Verständnis. »Wenn du wirklich glücklich sein willst, musst du ein liebevolles Herz entwickeln.« Dieser Satz eines buddhistischen Meisters ist nicht nur so schön, weil er uns daran erinnert, dass wir nie glücklich werden können, solange wir unser Herz verschließen, sondern er weist auch darauf hin, dass sich ein liebendes Herz entwickeln – also Schritt für Schritt kultivieren – lässt.

In unseren Freundschaften haben wir viele Gelegenheiten, Mitgefühl zu praktizieren. Es ist immer wieder schön zu sehen, wie wahre Freunde sich gegenseitig unterstützen und ihr Mitgefühl in ihrer Freundschaft zum Ausdruck bringen. Wir können das zum Beispiel beobachten, wenn Freunde sich im Schmerz beistehen, sich in schwierigen Zeiten trösten, gemeinsam an kreativen Projekten arbeiten oder respektvoll und wertschätzend miteinander sprechen und versuchen, Probleme gemeinsam zu lösen. Selbstlose Liebe wird auch mitten im Alltag konkret sichtbar, wenn gute Freunde Fahrdienste übernehmen, sich beim Umzug helfen oder auf die Kinder des anderen aufpassen.

Mitgefühl ist der Weg zu Verbundenheit und hilft uns zu spüren, dass wir Teil eines Größeren sind. Bestimmt hast du schon beobachtet, dass Menschen, die sehr viele und oft auch ein paar sehr gute Freunde haben, ein besonders großes, offenes Herz haben. Man muss nicht erst über Karma nachdenken, um den Zusammenhang zu erkennen: Je mehr du liebst, desto mehr Liebe wird dir zurückgegeben. Je offener und freundlicher du deinen Freund*innen gegenüber bist, desto mehr werden sie dich in ihr Herz schließen.

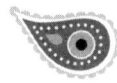

Der Wind
des Verzeihens

Es waren einmal zwei Freunde auf der Wanderschaft: Jakob, ein Schustergeselle, und Valentin, ein Dachdecker. Die beiden kannten sich schon seit ihrer Kindheit und waren ein Herz und eine Seele. Und beide wollten die weite Welt, jenseits der Berge, ja vielleicht sogar jenseits des Meeres sehen und möglicherweise sogar ein wenig Weisheit und Kunstfertigkeit gewinnen.

Die Berge zu überqueren war nicht leicht. Drei Tage wanderten sie nun schon durchs Gebirge, und die letzte Nacht hatten sie nicht einmal eine Herberge gefunden. Ihre Mägen knurrten und ihre Beine schmerzten. So kam es schließlich, wie es leider ja oft kommt: Sie begannen zu streiten. Um eine Kleinigkeit. Doch ein Wort gab das andere, und schließlich verpasste Valentin Jakob eine heftige Ohrfeige. Jakob sah Valentin nur an, dann wandte er sich ab, nahm einen Ast und schrieb in kunstvoll geschwungener Schrift in den Staub: »Hier hat mich mein bester Freund ins Gesicht geschlagen.«

Valentin sah dies und fühlte sich unglücklich. Schon bereute er sehr, was er getan hatte. Doch wie sollte er sich entschuldigen? Er fand einfach nicht die rechten Worte. Und so wanderten die beiden schweigend weiter.

Nach einigen Stunden kamen sie endlich über den letzten Pass: Das Gebirge war überwunden und da lag der große Fluss! Voller Freude liefen sie dem Fluss entgegen und warfen sich ins Wasser. Doch die Strömung war stärker, als sie gedacht hatten. Und Jakob, der ein schlechter Schwimmer war, wurde vom Wasser mitgerissen. Valentin sprang ohne Zögern hinterher. Gerade noch gelang es ihm, Jakobs Jacke zu fassen; doch nun hatte er selbst Schwierigkeiten, über Wasser zu bleiben. Es war knapp. Doch schließlich gelang es Valentin, Jakob mit letzter Kraft ans Ufer zu zerren. Eine ganze Weile spuckten beide Wasser.

Nachdem sich Jakob, der beinahe ertrunken war, ein wenig erholt hatte, sah er Valentin an, dann suchte er sich einen harten Stein und ritzte mühevoll in einen Felsen am Ufer: »Hier hat mein bester Freund mir das Leben gerettet.« Valentin umarmte Jakob und sie waren wieder beste Freunde.

Valentin sah Jakob immer wieder von der Seite an, und schließlich fragte er: »Eins verstehe ich nicht: Warum hast du, als ich dich geschlagen habe, mit einem Stock in den Sand geschrieben; hier am Fluss aber so mühevoll mit einem Stein in den Felsen geritzt?«

Jakob lächelte und legte seinem Freund den Arm um die Schulter. »Ach, das ist ganz einfach. Unschönes, Kränkungen und Missgeschicke schreibe ich in den Sand, damit der Wind des Verzeihens es schnell wieder auslöschen kann. Doch das Gute, Edle und Schöne, das soll Bestand haben, und daher ritze ich es in Stein, damit der Wind des Vergessens es nicht auslöschen kann.«

Mitgefühl schafft Nähe

Wenn wir über Mitgefühl reden, sollten wir natürlich auch wissen, worüber wir reden, denn es gibt da leider viele Missverständnisse. Wenn du mitfühlend bist, heißt das, dass du dich sehr gut in die Gefühle von anderen hineinversetzen kannst. Es fällt dir leicht, Verständnis zu entwickeln und dich innerlich mit ihnen zu verbinden. Durch Mitgefühl stärkst du jedoch nicht nur die Verbundenheit zu deinen Freund*innen, sondern auch die Verbindung zu dir selbst. Du bist offen für die Botschaften deines Herzens und bereit, gemeinsam mit anderen Probleme zu lösen und dich für ihre Nöte ebenso wie für ihre Sichtweisen zu öffnen. Du versuchst, die Gefühle und Gedanken anderer Menschen zu verstehen und ihnen in Krisen beizustehen, statt wegzulaufen, sobald Probleme auftauchen.

Mitgefühl ist kein Mitleid

Mitgefühl wird oft mit Mitleid verwechselt, aber während Mitgefühl ganz entscheidend ist, um Freundschaften am Leben zu erhalten, wirkt sich Mitleid negativ aus. Wenn du mit einer Freundin oder einem Freund Mitleid hast, leidet ihr beide – und keinem ist geholfen.

Beim Mitgefühl schwingt immer das Gemeinsame mit – Schwierigkeiten gemeinsam zu durchleben und sie auch gemeinsam zu lösen. Mitleid hat hingegen oft etwas Trennendes. Mitleid ist eine automatische Reaktion, Mitgefühl hingegen eine bewusste Haltung. Mit unserem Mitleid signalisieren wir dem anderen, wie bemitleidenswert er ist, weshalb Menschen, denen es sehr schlecht geht, oft auch sagen, dass sie auf keinen Fall bemitleidet werden wollen.

Wenn deine Freunde in schwierigen Phasen stecken, beispielsweise weil sie krank werden, einen Verlust verarbeiten oder eine finanzielle Notlage überstehen müssen, dann konzentriere dich auf Mitgefühl, nicht auf Mitleid. Mitleid verstärkt nur den Zustand von Hoffnungslosigkeit, Pessimismus und Mutlosigkeit, während euch Mitgefühl dabei hilft, euch als zwei gleichberechtigten und gleichstarken Menschen den Problemen aktiv zuzuwenden. Mitgefühl sagt: »Ich verstehe deine Gefühle und kann nachempfinden, wie es dir geht. Gibt es etwas, das ich für dich tun kann? Oder vielleicht etwas, was wir beide gemeinsam tun können?« Und wenn das Einzige, was ihr »tun« könnt, darin bestehen sollte, gemeinsam zu schweigen, den Dingen ihren Lauf zu lassen und gut aufeinander zu achten, dann ist das bereits mehr als genug.

Mitgefühl ist mehr als Empathie

Empathie oder Einfühlsamkeit entspricht dem Mitgefühl sehr viel eher als Mitleid. Trotzdem – das Gleiche ist es nicht. Heute wird oft davon gesprochen, dass wir in unserer Gesellschaft mehr Empathie brauchen. Und das stimmt auch, denn Studien zeigen leider, dass unsere Fähigkeit, empathisch zu reagieren, stark abgenommen hat. Empathie ist außerdem die Voraussetzung für Mitgefühl. Allerdings ist Empathie keine Fähigkeit, für die wir uns bewusst entscheiden, sondern in erster Linie eine tief in unserer Biologie verwurzelte Reaktion auf die Gefühle anderer Lebewesen.

Wer empathisch ist, kann mit anderen mitfühlen – jedoch nicht, weil er sich darauf ausrichtet, sondern weil Gefühle ansteckend sind. Wir reagieren automatisch auf fremde Stimmungen, ob wir wollen oder nicht: Es herrscht Gelächter im Raum, und wir müssen mitlachen. Eine Freundin hat gerade eine vernichtende Diagnose bekommen, und wir fangen automatisch an, mit ihr zu weinen. Damit wir uns nicht falsch verstehen: Empathie ist sehr gut. Es wäre schrecklich, wenn wir nicht traurig würden, wenn unsere Freundin traurig ist. Und es wäre zumindest seltsam, wenn wir nicht mitlachen müssten, wenn unser Freund sich halb tot lacht. Doch Mitgefühl geht noch einen entscheidenden Schritt weiter, denn Mitgefühl ist ein Zustand der Achtsamkeit und bringt auch unsere Werte zum Ausdruck: Verbundenheit, Vertrauen, Zuneigung, Zuverlässigkeit … Dafür haben wir uns in unserer Freundschaft entschieden und bringen diese Qualitäten durch unsere mitfühlende Haltung zum Ausdruck.

Kurz gesagt: Empathie ist gut, Mitgefühl ist besser. Oder in einer einfachen Formel ausgedrückt: Empathie + Achtsamkeit = Mitgefühl.

 ## Nebelfreunde

Es war ein großer Krieg. Wie alle Kriege war er natürlich völlig sinnlos, grausam und brachte nur Zerstörung und Leiden mit sich. Die Soldaten lagen in ihren Schützengräben und versuchten andere, die sie gar nicht kannten, zu erschießen. Und jene versuchten ebenso, sie, die sie ebenfalls nicht kannten, umzubringen. Fast alle hatten Angst, die meisten wussten gar nicht recht, warum sie hier zu Mördern wurden, aber sie dachten lieber nicht zu viel darüber nach und glaubten, dass es die, die sie in die Schlacht geschickt hatten, wohl wüssten und sie nun einmal ihre Pflicht zu erfüllen hätten.

Als ein dichter Nebel aufzog, beschlossen die Generäle unabhängig voneinander, dass es nun an der Zeit wäre, den Feind zu überwältigen. Auf ein Signal hin stürmten die Soldaten von beiden Seiten aufeinander zu. Schüsse fielen, Schreie gellten, Menschen starben. Doch der Nebel war so dicht, dass ein seltsam dämpfender Schleier über allem lag. Keiner wusste wirklich, wohin er lief – oder gar, auf wen er schoss.

Und so fand sich Karl, nachdem er sich schon gewundert hatte, dass der Schlachtenlärm immer leiser wurde, in einem nebligen Wäldchen ganz allein wieder. Wo waren nur seine Kameraden? Vorsichtig tappte er durch den Nebel, von Baum zu Baum.

Dann, mit einem Mal, tauchte direkt vor ihm ein Mann auf. Einer mit der Uniform des Feindes. Sie starrten sich an, beide hoben ihre Waffen und richteten sie aufeinander. Doch keiner von beiden drückte ab. Still war es um sie her geworden. Kein Schuss mehr war zu hören. Sie sahen sich lange in die Augen.

»Karl«, sagte Karl, ließ die Waffe sinken und deutete auf sich.

»Charles«, sagte der andere und warf seine Waffe zu Boden.

Lange standen sich die beiden bewegungslos gegenüber. Wie auf ein geheimes Zeichen hin begannen sie plötzlich laut zu lachen.

Sie reichten sich die Hände.

»Freund«, sagte Karl.

»Friend«, sagte Charles.

Mitgefühl wachsen lassen

Man muss sich nicht lange die Nachrichten anschauen, um zu begreifen, dass auf unserem Planeten einiges aus dem Ruder gelaufen ist. Und nicht nur auf unserem Planeten, sondern auch in unserem Land – ja sogar in unserer nächsten Umgebung: die wachsende Gewaltbereitschaft, die Radikalisierung unterschiedlicher Gruppierungen und die inzwischen zum Schlagwort mutierte »Spaltung der Gesellschaft« sind alarmierend.

Die christliche Botschaft der Nächstenliebe scheint da ebenso ungehört zu verhallen wie der buddhistische Grundsatz des »Nicht-Verletzens« und der Güte. Aus buddhistischer Sicht ist Unwissenheit – eines der drei Geistesgifte – die Ursache von Trennung und Aggressionen. Diese Unwissenheit bezieht sich darauf, dass wir nicht mehr um unsere Verwandtschaft mit den anderen Mitgliedern der Menschheitsfamilie wissen und unsere wechselseitige Verbundenheit nicht erkennen. Es ist die Ichbezogenheit, die diese Probleme verursacht.

Dass wahres Glück nicht im »Ich«, sondern im »Wir«, nicht in der Egozentrik, sondern in der Verbundenheit zu finden ist, spricht sich glücklicherweise langsam herum. »Yes, *we* can!«

Beliebte Hashtags wie #gemeinsamstark oder Bewegungen wie »Fridays for Future« machen Mut. Katastrophen – sogar, wenn sie in fernen Ländern auftreten – rufen überall Wellen des Mitgefühls hervor. Trotz aller negativen Entwicklungen gibt es Grund zur Hoffnung. Vor allem aber gibt es für jeden von uns die Möglichkeit, sein Herz zu öffnen und mehr Mitgefühl zu entwickeln. Und indem wir das tun, werden wir ein aktiver Teil der Veränderung, die die Welt heute dringender als alles andere braucht.

Freundschaften bieten uns eine wunderbare Gelegenheit, Mitgefühl zu üben und Güte zu entwickeln. Eine gute Freundin oder ein guter Freund kann gewissermaßen zu einem »Trainingspartner«

werden. Wenn zwei Menschen ihre Verbundenheit entdecken, kann daraus ein Kreis der Liebe entstehen, der mehr und mehr andere Menschen mit einbezieht. Vielleicht sollten wir in einer Seelenverwandtschaft daher nicht nur eine großartige Chance, sondern auch eine Aufgabe sehen – die Aufgabe, nach außen zu wirken. Mahatma Gandhi schrieb einmal: »Der Friede zwischen den Nationen muss auf dem soliden Fundament der Liebe zwischen einzelnen Individuen beruhen.«

Mitgefühlstraining in Freundschaften

Beim Begriff »Training« denken die meisten von uns an Sport oder vielleicht gerade noch an Gedächtnistraining, aber nicht an Mitgefühl. Gibt man das Wort »Mitgefühlstraining« jedoch bei Google ein, erhält man über 10 000 Treffer. Und auch wenn sich bei diesem Begriff manchen die Nackenhaare sträuben – eigentlich passt er ganz gut. Es gibt nämlich tatsächlich Methoden und Übungen, die sehr hilfreich sind, um mehr Mitgefühl zu entwickeln und das Herz zu »trainieren« – allerdings nicht das anatomische, sondern das emotionale.

Mitgefühl ist die Basis für Gewaltfreiheit und Glück. Und da Mitgefühl auch ganz entscheidend für freundschaftliche Beziehungen ist, wollen wir dir einige Methoden zeigen, durch die du die Verbindung zu deinen Freund*innen intensivieren kannst:

- **Lerne, deine eigenen Gefühle besser wahrzunehmen.** Ohne Selbstmitgefühl kannst du auch kein Mitgefühl entwickeln. Ohne guten Kontakt zu dir selbst ist es so gut wie unmöglich, guten Kontakt zu anderen zu haben. Bestimmt kannst du deine Gefühle problemlos wahrnehmen, wenn sie sehr stark sind. In Augenblicken, in denen du zutiefst betrübt bist, alle Hoffnung verloren hast oder hellauf begeistert bist, sind deine Gefühl nicht übersehbar oder besser gesagt »überfühlbar«.

Allerdings erleben wir Tag für Tag eine große Vielzahl unterschiedlicher Gefühle, und die meisten von ihnen sind sehr subtil. Die Fähigkeit, auch diese feineren Gefühlsnuancen zu erkennen, ermöglicht es dir, jederzeit ganz nah bei dir selbst zu sein und zu spüren, was du gerade brauchst, was dir guttut und was weniger. Falls dir das schwerfällt – und es fällt sehr vielen von uns schwer – hilft dir eine einfache Frage, deinen Gefühlsstatus immer wieder zu checken: »Ist meine momentane Erfahrung eher angenehm oder eher unangenehm?« Indem du dir diese Frage regelmäßig stellst, wirst du deine Gefühlszustände und deine Stimmungen immer klarer erkennen können. Zusätzlich kann dir auch die Frage »Was ist das eigentlich für ein Gefühl, das ich gerade spüre? Wie heißt es?« wichtige Informationen liefern. Angst? Langeweile? Neid? Ärger? Fröhlichkeit? Unruhe? Scham? ... Indem du deinem Gefühl einen Namen gibst, kannst du es leichter fassen. Und sobald dir das bei dir selbst gelingt, wird es auch immer einfacher für dich, die Gefühle und Stimmungen deiner Freunde oder Freundinnen zu erkennen und mitzuempfinden.

- **Lerne, genau zu beobachten.** Hier ist Achtsamkeit wiederum entscheidend. Oft kriegen wir gar nicht genau mit, wie es unseren Freund*innen geht, da wir mit unserer Aufmerksamkeit woanders sind. Genau zu beobachten heißt, besser hinzusehen und hinzuhören und auch zwischen den Zeilen zu lesen. Das kannst du beispielsweise üben, indem du versuchst, aus der Stimme deiner Freundin ihre Stimmung herauszuhören.

- **Lass deine Vorurteile los.** Dieses Thema haben wir schon ausführlich besprochen (im Kapitel »Achtsamkeit«), aber hier möchten wir noch einmal betonen, dass auch das ein wichtiger Teil des Mitgefühlstrainings ist. Glaub nicht alles, was du denkst. Löse dich von deinen Ansichten, die du dir früher einmal angeeignet hast.

Gib deiner Freundin oder deinem Freund mehr Raum und lass dich öfter überraschen, indem du lernst, die Dinge immer wieder neu zu sehen.

- **Frag öfter nach.** Wenn du nicht sicher bist, was eine Freundin meint oder was sie gerade belastet, wenn du nicht klar erkennen kannst, was ein Freund fühlt, dann frag einfach nach. Erkundige dich, in welcher Stimmung sie oder er ist. Du lernst dadurch nicht nur den Zustand deiner Freunde besser zu interpretieren, sondern zeigst damit auch Interesse an den anderen.

- **Über das Richtige reden.** In psychologischen Versuchen hat sich herausgestellt, dass es eine sehr einfache Möglichkeit gibt, die Verbindung zwischen zwei Menschen zu verstärken. Dazu wurden Paare gebildet, die sich gegenseitig etwas darüber erzählen sollten, welche Erlebnisse für sie unangenehm waren und wofür sie dankbar waren, wodurch es zu einem intensiven Austausch und großer emotionaler Nähe kam.
  Probier es einfach aus: Frag eine Freundin bei passender Gelegenheit danach, welche Erlebnisse sie belastet haben oder belasten und dann auch, wofür sie dankbar ist. Auf diese Weise werden eure Gespräche schnell von der Oberfläche in die Tiefe führen.

- **Triff dich mit möglichst unterschiedlichen Menschen.** So verhinderst du, einseitig zu werden und einseitig zu fühlen. Die Welt ist bunt und reich, und manchmal muss man seine gewohnten vier Wände verlassen, um das zu erkennen. Die Begegnung mit ganz unterschiedlichen Menschen, die verschiedene Interessen und Werte haben, weitet deinen Horizont und stärkt dein Mitgefühl.

- **Nimm dein inneres Kind mit, wenn du Freunde besuchst.** Gerade in Freundschaften bietet sich die Gelegenheit, aus der Erwachsenenrolle zu schlüpfen. Hier dürfen wir viel spielerischer sein und müssen nicht ständig alles kontrollieren. Wir dürfen den Mut haben, auch einmal albern zu sein, und brauchen nicht alles so furchtbar ernst zu nehmen. Dein inneres Kind entdeckst du, indem du freundlich und geduldig mit dir umgehst. Du darfst kindlich und verletzlich sein und du solltest deiner besten Freundin oder deinem besten Freund sagen, dass sie oder er das ebenfalls sein darf. Versuch auch, dir deine Freundin oder deinen Freund vorzustellen, wie sie wohl als kleine Kinder wären. Je genauer du darauf achtest, desto deutlicher siehst du das innere Kind nicht nur bei ihnen, sondern auch bei dir selbst durchscheinen. Es ist nie zu spät, dein inneres Kind wiederzuentdecken und ihm einen großen Spielplatz in deinem Herzen zu geben.

Die Schiffbrüchigen

Ein Schiff geriet in einen starken Sturm, der Mast brach und schließlich brach das ganze Schiff auseinander. Nur zwei Männer, Karim und Nabil, konnten sich auf eine kleine Insel retten. Sie trauerten um ihre Schiffskameraden und schworen einander ewige Freundschaft.

Die Insel war klein und es gab nichts, was ihnen hätte helfen können, wieder von der Insel fortzukommen, und so sagte Karim: »Alles, was wir tun können, ist, zu den Göttern zu beten!«

»Ja«, sagte Nabil. »Da hast du wohl recht. Und da wir ja sonst nichts zu tun haben, lass uns doch einen Wettstreit machen, wessen Gebete die stärkeren sind!«

Das war natürlich eine seltsame Idee – doch sie hatten ja tatsächlich nichts Besseres vor, und so teilten sie die Insel in zwei Hälften.

Als Erstes beteten sie um Nahrung. Am nächsten Morgen fand Karim auf seiner Seite der Insel einen Baum, der Früchte trug. Auf Nabils Seite der Insel hingegen war nichts.

»Da du mein Freund bist, will ich dir eine Frucht geben«, sprach Karim.

In den folgenden Tagen betete Karim um Kleidung, Werkzeug und schließlich sogar um eine Frau. Und stets wurden seine Gebete erhört. Auf Nabils Seite der Insel hingegen blieb es leer. Schließlich betete Karim um ein Boot: Und tatsächlich trieb ein Boot auf Karims Seite der Insel an den Strand.

Karim und seine Frau bestiegen das Boot. Doch als Nabil ebenfalls in das Boot wollte, sprach Karim: »Nein, ich kann dich nicht mitnehmen. Du bist nicht würdig – die Götter haben deine Gebete nicht erhört, und so wäre es unrecht von mir, dem Willen der Götter zu widersprechen und dich mitzunehmen.«

Da dröhnte eine gewaltige Stimme: »Warum lässt du deinen Freund zurück?«

Karim fiel auf die Knie, denn es waren unzweifelhaft die Götter, die zu ihm sprachen. »Ich habe um all die Dinge gebetet – und ihr habt mich erhört. Nabil ist kein einziges Mal erhört worden, also verdient er es nicht.«

Da rief die gewaltige Stimme zornig: »Du bist im Unrecht, Karim! Jede Bitte Nabils wurde erhört. Es war stets dieselbe: nämlich die, dass deine Gebete erhört werden!«

Das Geschenk der bedingungslosen Akzeptanz

Bedingungslose Akzeptanz ist das größte Geschenk, dass du anderen Menschen machen kannst – ganz gleich, ob es sich bei ihnen um deine Eltern, deine Kinder, deinen Partner oder auch um deine Freunde handelt. Wir wissen wohl alle, wie es sich anfühlt, abgelehnt zu werden. Und wenn überhaupt, dann treffen wir nur sehr selten Menschen, die uns das Gefühl geben, dass wir so, wie wir sind, vollkommen okay sind. Um ehrlich zu sein, gelingt es uns selbst kaum, in den Spiegel zu schauen und von Herzen Ja zu uns zu sagen.

Hast du deiner Freundin oder deinem Freund jemals gesagt oder gezeigt, dass du sie oder ihn bedingungslos annimmst? Wenn ja, dann bist du in dieser Hinsicht sehr außergewöhnlich, denn es gibt kaum Menschen, die ihre Zuneigung nicht an Bedingungen knüpfen. Doch nur durch radikale Akzeptanz können wirklich Frieden und Verbundenheit entstehen. Wenn wir die Dinge, oder in diesem Fall unsere Freunde, so sein lassen können, wie sie nun einmal sind, gibt es keinen Grund mehr für Reibereien und Streitigkeiten.

Um bedingungslos lieben zu können, musst du dich weitgehend von deinen Erwartungen befreien. Je mehr du nämlich von einer Freundin oder einem Freund erwartest, desto sicherer ist die Enttäuschung. Und da Enttäuschung zu Unzufriedenheit und Frust führt, sind Konflikte vorprogrammiert, die deine Freundschaften wiederum belasten. Und ist man doch einmal enttäuscht, weil man Erwartungen hegte, ist es wichtig, das achtsam wahrzunehmen und bei sich zu lassen, anstatt dem anderen die »Schuld« zu geben.

Wir sollten uns bewusst machen, dass jeder von uns in seiner eigenen Haut steckt. Und im Grunde wissen wir das auch. Falls unser Freund der eher gemütliche Typ ist, der Filme, Bücher und gute Weine liebt und sich lieber geistig als körperlich betätigt, werden wir ihn nicht anrufen, wenn wir einen Joggingpartner suchen. Mit der einen Freundin macht es vielleicht Spaß, gemeinsam zu kochen und Rezepte auszutauschen, die andere hat womöglich eine psychologische Ader und kann uns gut bei Problemen beraten, würde sich aber nie und nimmer an den Herd stellen. Der eine interessiert sich für Motorräder, der andere für Philosophie, die eine liebt es, über Kindererziehung zu sprechen, die andere lässt kein Rockkonzert aus. Niemand kann all unsere Bedürfnisse befriedigen, denn jeder ist anders. Das ist ja gerade das Schöne.

Bedingungslose Akzeptanz geht aber noch einen großen Schritt weiter. Es geht nämlich im Grunde nicht darum, dass du dir deine verschiedenen Freunde danach auswählst, ob sie zu deinen unterschiedlichen Unternehmungen oder Bedürfnissen passen, sondern dass du alle deine Freundinnen und Freunde unabhängig von ihren Interessen, Fähigkeiten oder Neigungen in deinem Herzen willkommen heißt. Um andere Menschen ohne Wenn und Aber anzunehmen und ihnen freundlich und wertschätzend begegnen zu können, brauchst du nicht nur einen wachen Geist, sondern auch die nötige Gelassenheit. Selbst wenn du sie dir sicher manchmal anders wünschen würdest – deine Freunde sind nun einmal so, wie sie sind. Dein Wunsch zeigt dir nur, wie du die Wirklichkeit gern hättest. Doch die Wirklichkeit macht, was sie will.

Was bedingungslose Akzeptanz betrifft, so können wir uns einiges von liebenden Müttern abschauen. Eine sorgende Mutter wird ihr Kind unter allen Umständen beschützen und auffangen. Vielleicht wird sie oft nicht gerade begeistert sein, was ihre Tochter oder ihr Sohn angestellt hat, aber ihr Herz wird jederzeit offen sein, sofern sie eine weise Mutter ist. Und eine weise Freundin oder ein weiser Freund würde zu uns sagen: »Du bist okay, so wie du bist. Auch wenn ich vielleicht andere Entscheidungen treffen würde und meine Ansichten ganz andere sind – ich akzeptiere dich so, wie du bist, weil du mein Freund bist.«

Akzeptanz ist übrigens nichts, was man mal schnell aus dem Ärmel schüttelt. Du solltest nicht erwarten, dass es dir immer gelingen wird, deine Freunde bedingungslos zu akzeptieren. Aber eines solltest du doch erwarten, dass du es nämlich immer wieder *versuchen* wirst. Denk daran, dass bedingungslose Akzeptanz auch nichts ist, was du mit dem Kopf »machen« kannst. Die Fähigkeit zu absoluter Offenheit und Wertschätzung kannst du nur entwickeln, wenn du deinem Herzen folgst.

Fürsorglich sein

Das Wort »Fürsorge« ist etwas aus der Mode gekommen – es klingt ein bisschen nach Caritas und Sozialhilfe, stimmt's? Dabei ist Fürsorge eine hilfreiche Tugend (noch so ein altmodisches Wort), denn sie ermöglicht es dir, deinen Garten der Freundschaft gut zu pflegen.

Der Begriff »Fürsorge« ist dem lateinischen *procurare* entlehnt, was »für etwas Sorge tragen« oder eben auch »pflegen« bedeutet. Wenn du dich darum bemühst, fürsorglich zu sein, heißt das, dass du bereit bist, wirklich am Leben deiner Freunde teilzunehmen; und dass du vor allem auch bereit bist, ihnen beizustehen, wenn sie deine Hilfe brauchen.

Eine Definition von Fürsorge lautet »tätiges Bemühen«. Wichtiger als deinen Freund*innen beim Umzug zu helfen (obwohl auch das wichtig sein kann), ist dabei deine seelische Unterstützung. Durch deine Fürsorge, also dein aktives Bemühen, für den anderen da zu sein, drückt sich deine Sorge aus; du zeigst deinen Freund*innen, dass ihr Schicksal dir am Herzen liegt und dass du dich mit ihnen und ihren Problemen identifizieren kannst.

Es ist sehr hilfreich, ein wenig über folgende Frage zu reflektieren:

- »Wie fürsorglich bin ich in meinen Beziehungen?«
- »Bin ich jederzeit bereit, meine Freunde zu unterstützen? Können sie sicher sein, dass ich ihnen beistehen werde, wenn sie verzweifelt, mutlos oder traurig sind?«
- »Wie zeige ich ihnen meine Fürsorge?«

Fürsorge schafft Vertrauen und Vertrauen schafft Nähe und Wärme – und genau das ist es, was nicht nur Freundschaften, sondern vor allem auch Seelenverwandtschaften ausmacht: sich nah zu sein und sich gegenseitig aufzufangen, wenn einer von beiden stürzt.

Ruhestörung

Zwei Freundinnen lebten in zwei Dörfern, nicht sehr weit voneinander entfernt. Schon von Kindheit an waren sie engste Freundinnen – ob Freuden oder Sorgen, Ängste oder Hoffnungen, sie teilten alles miteinander und jede kannte ihre Freundin besser als jeden anderen Menschen auf der Welt.

Eines Nachts, sie schlief schon tief, wachte eine der beiden von einem lauten Klopfen auf. Sie schrak auf, blickte aus dem Fenster und sah dort draußen ihre Freundin stehen. Sofort lief sie zur Tür und öffnete. »Um Gottes willen – was ist denn passiert?«

»Entschuldige bitte, aber ich musste dich unbedingt sehen«, sagte ihre Freundin, die noch ganz außer Atem war.

»Ist deiner Tochter etwas geschehen? Soll ich schnell einen Arzt anrufen?«

»Nein, nein ...«

»Brauchst du dringend Geld? Das ist kein Problem – sag einfach: Wie viel brauchst du?«

»Nein, nein ...«, sagte die Freundin und blickte beschämt zu Boden. »Ich brauche auch kein Geld. Ich hatte nur so einen schrecklichen Traum. Ich habe geträumt, dass ein betrunkener Kerl mit einem Messer in dein Haus eingebrochen wäre und dich angreifen wollte. Da bin ich einfach losgerannt, um zu sehen, ob es dir gut geht ...«

»Mögest du glücklich sein«

Die folgende Übung bietet dir eine konkrete Methode, um dein Herz zu öffnen. Neben einer grundsätzlichen Haltung der Achtsamkeit, Freundlichkeit und Wertschätzung, ist es wichtig, auch dein Mitgefühl schrittweise zu entwickeln. Die hier beschriebe Variante der Liebenden-Güte- oder Metta-Meditation hilft dir, deinen Freund*innen gegenüber liebevoller und mitfühlender zu werden.

Im Kapitel »Freundschaft mit sich selbst schließen« haben wir bereits beschrieben, wie du diese Herzmeditation nutzen kannst, um mehr Selbstmitgefühl zu entwickeln und das Verhältnis zu dir selbst zu harmonisieren. Jetzt geht es darum, dein Herz für deine Freund*innen zu öffnen und ihnen deine Liebe zu senden.

Wundere dich nicht, wenn du erst einmal keine Wirkung spürst – das ist völlig normal. Dass die Metta-Meditation mit der Zeit durchaus sehr positive Auswirkungen hat, wurde wissenschaftlich belegt. Dabei hat sich herausgestellt, dass es bereits genügt, täglich einige Minuten lang zu meditieren, um eine intensivere Verbundenheit zu anderen Menschen zu entwickeln. Allerdings ist es wichtig, dranzubleiben und über längere Zeit regelmäßig zu üben. Nur dann wird die Metta-Meditation nämlich auch langfristig zu mehr Achtsamkeit, Offenheit und Verständnis führen.

- Nimm dir ein paar Minuten Zeit und setz dich aufrecht und doch entspannt auf einen Stuhl oder auf den Boden. Mach die Augen zu und werde dir deines Körpers bewusst. Entspanne dich mehr und mehr – lass alle Anspannungen in den Muskeln los, so gut dir das gerade möglich ist.

- Richte deine Aufmerksamkeit jetzt auf deinen Atem. Spür, wie er sanft durch die Nase ein- und ausströmt. Verändere nichts, versuche nicht, etwas »richtig« oder »gut« zu machen – lass deinen Atem einfach kommen und gehen, wie er will.

- Aktiviere nun deine Fantasie: Hole dir eine liebe Freundin oder einen Freund vor dein inneres Auge.

- Wiederhole jetzt innerlich folgende Sätze langsam und ruhig in deinem Atemrhythmus, während du deine Freundin oder deinen Freund weiterhin visualisierst:
    - Einatmend denkst du: »Mögest du …«
    - Ausatmend denkst du: »… glücklich und geborgen sein.«

- Beim nächsten Einatmen denkst du: »Mögest du ...«
- Beim Ausatmen: »... frei von Leiden und Schmerzen sein.«
- Dann einatmend: »Mögest du ...«
- und ausatmend: »... friedvoll und gelassen sein.«

• Wiederhole diesen Zyklus mehrere Male in deinem eigenen Atemrhythmus. Lass dabei den Atem etwas langsamer und ruhiger werden, wenn dir das ohne Anstrengung möglich ist. Die Meditation sollte auf jeden Fall entspannend sein. Willenskraft brauchst du nicht – lediglich etwas Konzentration, um die Sätze nicht zu vergessen, und etwas Vorstellungsvermögen, um die Worte innerlich an deine Freundin oder deinen Freund zu richten. Manchen Menschen hilft es, sich vorzustellen, wie Lichtstrahlen von ihrem Herzen aus zu ihren Freund*innen fließen, doch die Meditation funktioniert auch ohne diese spezielle Visualisierung. Hör einfach auf deine Intuition.

• Um die Übung zu beenden, lenkst du deine Aufmerksamkeit kurz auf deinen Körper. Mach dir den Raum bewusst, in dem du sitzt. Achte auf die Geräusche und atme dann dreimal tief durch, bevor du die Augen wieder öffnest.

Miteinander reden, miteinander teilen

Beziehungen kommen grundsätzlich nur dann zustande, wenn zwei Menschen sich miteinander austauschen. »Reden ist Silber, Schweigen ist Gold« – das ist sicher richtig, wenn es darum geht, Geheimnisse für sich zu behalten. In Freundschaften gilt jedoch das Gegenteil: Deiner besten Freundin oder deinem besten Freund solltest du wirklich alles erzählen können – und umgekehrt.

Liebespaare, die sich nur noch anschweigen, bieten einen traurigen Anblick. Eigentlich passt der Begriff »Liebespaar« dann gar nicht mehr. Früher kannte man das vor allem von alten Ehepaaren. Heute kann man aber auch überall junge Paare bestaunen, die kein Wort mehr miteinander sprechen, sondern ihre gemeinsame Zeit damit verbringen, jeweils auf ihre Smartphones zu starren. Nicht nur in der Partnerschaft, sondern auch in Freundschaften besteht die Gefahr, dass der Fluss der Kommunikation austrocknet und der lebendige Austausch verloren geht.

Freunde, die nicht miteinander reden, haben ein Problem – oder sie sind erleuchtet, Heilige und Erleuchtete brauchen nämlich keine Worte mehr, um ihr Sein miteinander zu teilen. Aber mal ehrlich: Wie viele davon kennst du? Für so gut wie alle Freundschaften gilt: Je mehr wir miteinander sprechen, je offener wir über unsere Probleme reden und uns gegenseitig unsere geheimen Gedanken verraten, desto intimer und erfüllender wird die Beziehung. Einer guten Freundin oder einem guten Freund kann man alles anvertrauen und muss keine Angst haben, dass private Dinge weitergetragen werden.

So wichtig eine gute Kommunikation unter Freund*innen ist, beispielsweise um Missverständnisse zu vermeiden oder Konflikte auszuräumen, so ist sie doch eher die Ausnahme als die Regel. Gerade Männer reden nicht gerne über Gefühle – auch nicht mit ihren besten Freunden. Aber auch Freundinnen haben oft große Probleme damit, miteinander Klartext zu sprechen.

Oft zeigen wir unseren Freund*innen vor allem durch kleine Gesten und Zeichen der Verbundenheit, wie wichtig sie uns sind – aber sagen wir es ihnen auch? Es ist schon schwer genug, das, was uns wichtig ist, mit Worten so auszudrücken, dass es der andere versteht. Aber ganz ohne Worte ist das nahezu unmöglich – es bleibt einfach zu viel Spielraum für Fehldeutungen und Missverständnisse. Wenn du das vermeiden willst, solltest du lernen, wie du Worte dazu nutzen kannst, um aus deinem Herzen zu sprechen, während du deine Freunde triffst ...

Liebevolle Worte wählen

Alles, was du sagst, wirkt. Durch deine Worte kannst du andere Menschen verletzen, sie verunsichern oder ihnen ein schlechtes Gewissen machen. Durch Worte kannst du Hass säen oder zu Gewalt anstacheln – dann werden Worte zu Waffen. Da du dieses Buch in den Händen hältst, liegt es dir sicher fern, Aggressionen zu schüren. Doch auch wenn es dir gar nicht in den Sinn käme, andere anzugreifen, kannst du sie trotzdem verletzen. Dazu reicht oft schon ein unbedacht gewähltes Wort oder ein genervter oder herablassender Tonfall in der Stimme.

Achtsam mit Worten umzugehen ist bei jeder Kommunikation, aber besonders beim Austausch mit unseren Freund*innen wichtig. Niemand würde seine Freundin oder seinen Freund absichtlich vor den Kopf stoßen – von Menschen, die sehr streitlustig sind, einmal abgesehen, aber die haben ohnehin selten gute Freunde. Wenn du die Wahl hast, ob du mit deinen Freund*innen liebevoll oder lieblos, mitfühlend oder gleichgültig kommunizieren willst, wird sie dir sicher nicht schwerfallen. Doch nicht immer hast du diese Wahl. Wenn du gerade Stress im Job hattest, der Haussegen bei euch schief hängt, dir im Alltag alles zu viel wird oder wenn du gesundheitlich nicht auf der Höhe bist, wirst du kaum ein liebevoller, verständnisvoller Gesprächspartner sein können. Es ist ganz normal, dass wir manchmal schlecht gelaunt, bedrückt oder einfach erschöpft sind. Gute Freunde können mit so etwas umgehen.

Trotzdem: Öfter, als du glaubst, hast du die Wahl! Sehr oft kannst du entscheiden, was du sagst, wie du es sagst oder ob es vielleicht besser ist, auch mal gar nichts zu sagen. Je achtsamer du wirst, desto leichter wird es dir fallen, die richtige Entscheidung zu treffen.

Worte sind magisch. Du kannst mit ihnen zaubern. Durch sanftmütige, freundliche Worte, die von Herzen kommen, kannst du die Nähe zu deiner Freundin oder deinem Freund schon durch wenige Sätze vertiefen. Dadurch schaffst du mehr Offenheit und ermöglichst einen intensiveren Austausch.

Aus dem Herzen zu sprechen ist ja eigentlich recht einfach: Du öffnest dein Herz und tauschst dich mit deinen Freund*innen über Dinge aus, die dir wirklich wichtig sind und die dich berühren. Während sie reden, hörst du zu, und während du redest, hören sie zu. Soweit die Theorie. Denn so einfach, wie das klingt, ist es leider nicht, das hast du sicher schon gemerkt.

Da achtsame Kommunikation Übungssache ist, stellt sich die Frage, wie wir sie denn üben können. Dazu möchten wir dir zwei Möglichkeiten ans Herz legen – erstens »Offenheit« und zweitens »Rechte Rede«.

1. Offenheit

Mit unseren Freund*innen können wir offen reden – oder sollten es zumindest können. Im Gegensatz zu den meisten anderen Menschen, mit denen wir es in unserem Leben zu tun haben, können wir unsere Freunde sehr viel leichter mit der Wahrheit konfrontieren. Statt hinter ihrem Rücken zu reden, können wir ihnen unangenehme Tatsachen ins Gesicht sagen. Natürlich sollten wir dabei immer darauf achten, welche Worte wir wählen und nie verletzend werden.

Konflikte frühzeitig anzusprechen ist nicht immer angenehm, aber immer heilsam. Bevor sich Ärger oder Enttäuschung im Laufe der Zeit mehr und mehr anstauen, solltest du rechtzeitig sagen, wenn dir etwas gegen den Strich geht. Hin und wieder etwas Dampf abzulassen ist allemal besser, als auf den großen Knall zu warten, der früher oder später sicher kommt.

Offenheit heißt vor allem auch, dass du dich nicht scheust, mit deiner Freundin oder deinem Freund offen und ehrlich über deine Gefühle und Schwierigkeiten zu reden. Und dass du dich nicht verstellen musst. Umgekehrt ist es wichtig, genau auf die Signale deiner Freunde zu achten: Kannst du wahrnehmen, wie es ihnen geht, was sie gerade brauchen oder was sie bedrückt? Kannst du vielleicht zwischen den Zeilen lesen und sogar das heraushören, was gar nicht ausgesprochen wurde? Offenheit im Sinne von Ehrlichkeit auf der einen und Aufnahmefähigkeit auf der anderen Seite ist der wichtigste Schritt für eine achtsame, mitfühlende Kommunikation.

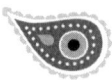

Marzipanpralinen

Frank und Ben waren Freunde seit ihrer Kindergartenzeit. Es hatte sie von Anfang an zueinander gezogen, und sie waren unzertrennlich. Sie spielten im Kindergarten miteinander, gingen zusammen zur Schule, dann zur Universität. Oft wurden sie für Brüder, manchmal gar für Zwillinge gehalten, denn sie hatten nicht nur einen Gleichklang der Seelen, sondern sahen sich auch recht ähnlich.

Im gleichen Jahr machten sie ihren Abschluss an der Uni – und bei dem Fest, dass sie darauf feierten, brachten aus einem seltsamen Zufall heraus fast alle Gäste Marzipanpralinen mit. Und das wurde eine Tradition: Zu jedem Geburtstag Bens schenkte ihm Frank diese Pralinen, weil er wusste, dass Ben sie liebte. Und an jedem von Franks Geburtstagen bekam er von Ben ebensolche Marzipanpralinen, weil Ben ja wusste, dass er keine lieber hatte.

Es war wohl nicht besonders erstaunlich, dass sich Ben und Frank in zwei Schwestern verliebten, sich verlobten und schließlich eine Doppelhochzeit feierten. Und natürlich, weil jeder wusste, wie sehr der andere sie mochte, gab es eine besonders große Schachtel mit den edelsten Marzipanpralinen.

Die Schwestern waren hübsch und nett, die beiden Freunde hatten gut gewählt. Im selben Jahr bekamen sie Kinder; Frank eine Tochter und Ben einen Sohn. Die Jahre vergingen, die Freunde wurden älter und *dann alt. Aber nie vergaßen sie, dem anderen alljährlich seine geliebten Pralinen zu schenken. Die Kinder wurden groß und größer, hatten selbst Kinder und machten die Freunde zu Großvätern.*

Schließlich, das konnte wohl schon kein Zufall mehr sein, erfuhren beide, dass sie nur noch kurz zu leben hätten. Jeder von ihnen nahm es mit Fassung – immerhin waren sie ja schon über achtzig und hatten längst keine großen Zukunftspläne mehr.

Und schließlich – es war schon fast zu erwarten – starben beide am selben Tag. Als man kurz darauf ihre Testamente eröffnete, waren auch diese fast gleich. Beide begannen mit den Worten: »Ich hatte ein gutes Leben, eine gute Frau, gute Kinder, liebe Enkel – am längsten aber hatte ich meinen guten Freund, der mein Leben so bereichert hat wie niemand sonst. Ich wünschte nur, er hätte mir nicht jedes Jahr diese Pralinen geschenkt, wo ich doch Marzipan nicht ausstehen kann.«

2. Rechte Rede

Den achtsamen, weisen Umgang mit Worten hat Buddha als »Rechte Rede« bezeichnet. Rechte Rede – man könnte sie auch als »achtsame Rede« bezeichnen – ist eine Säule seines achtfachen Pfads, der zur inneren Freiheit führt. Wohl wissend, wie verhängnisvoll verletzende, grobe Worte nicht nur für andere, sondern auch für uns selbst sind, hat Buddha vier Prinzipien betont, die uns unterstützen, besser auf unsere Worte zu achten. Diese vier Prinzipien helfen dir dabei, freundliche und heilsame Worte zu wählen, wenn du mit anderen Menschen und natürlich mit deinen Freund*innen redest:

1. *Nicht lügen:* In guten Freundschaften sollte es eigentlich selbstverständlich sein, dass Freunde sich die Wahrheit sagen und sich nicht gegenseitig anschwindeln. Aufrichtigkeit ist die Voraussetzung für Offenheit und Vertrauen. Solange wir unsere Freunde

belügen und ihnen etwas vormachen, ist wahre Verbundenheit nicht möglich.

2. *Nicht lästern:* Auch wenn wir im Grunde natürlich alle wissen, dass es nicht sehr nett ist, über andere Menschen zu lästern – unter Freund*innen wird es recht gern getan. Da der, über den gelästert wird, nicht anwesend ist, meinen wir, dass das ja auch kein Problem ist. Das Problem entsteht auch nicht dadurch, dass wir andere direkt verletzen, sondern dass üble Nachrede eine Form negativen Denkens ist. Gerüchte zu verbreiten, um andere herunterzumachen und sich selbst gut dastehen zu lassen, bringt keinen Frieden und wenn überhaupt, dann nur sehr kurz Befriedigung. Was immer wir säen, werden wir irgendwann ernten – und meist eher früher als später. Über seine Freunde zu lästern, sollte ohnehin tabu sein, doch auch mit Freund*innen über andere zu lästern, ist eine schlechte Angewohnheit, die wir allerdings nur bemerken, wenn wir gut auf unsere Worte achten.

3. *Nicht verletzen* ist das wohl wichtigste Prinzip der rechten Rede. In allen östlichen Weisheitslehren und insbesondere im Buddhismus steht das Gebot, niemanden zu verletzen, an oberster Stelle. »Nicht verletzen« bedeutet in unserem Zusammenhang, dass du deine Freundin oder deinen Freund durch deine Worte niemals beleidigen, bloßstellen oder abwerten solltest. Sicher tun wir so etwas nicht mit böser Absicht, gelegentlich aber unbedacht – zum Beispiel, wenn wir Dinge im Spaß sagen, die wir doch eigentlich »nur lustig gemeint haben«. Das beste Gegenmittel besteht darin, dass wir bewusst freundliche, aufbauende und tröstende Worte verwenden. Liebevoll zu sprechen heißt, dass wir uns um eine verständnisvolle, mitfühlende Sprache bemühen und versuchen, ohne Ärger oder Verbitterung zu reden, da wir uns bewusst sind, welche Macht Worte im Negativen wie im Positiven haben. Durch eine achtsame, wertschätzende Kommunikation laden wir unsere Freunde außerdem dazu ein, uns ihre Probleme offen anzuvertrauen.

4. *Nicht schwätzen und tratschen.* Im Gegensatz zu den anderen Prinzipien – nicht lügen, nicht lästern und nicht verletzen – scheint das letzte Prinzip nicht so wichtig zu sein. Doch ganz so harmlos, wie es scheint, ist die Klatschsucht nicht, denn solange wir uns nur über banale und oberflächliche Dinge auslassen, können wir uns nicht von Herz zu Herz begegnen. Miteinander zu reden, ohne wirklich etwas Sinnvolles oder Wesentliches zu sagen, kostet nur unnötige Energie. Auch wenn es etwas Disziplin erfordert – wenn wir uns angewöhnen, nur dann zu sprechen, wenn wir auch wirklich etwas zu sagen haben, ist das eine sehr effektive Methode, um unseren Geist zu sammeln, innere Ruhe zu entwickeln und uns vor Energieverlust durch Zerstreuung zu schützen. Weniger zu tratschen, das heißt nämlich auch, dass wir länger nachdenken, was, wann und wie wir etwas sagen. Nicht gleich loszureden, sondern erst einmal tief durchzuatmen und zu überlegen, ob das, was wir sagen wollen, hilfreich oder positiv ist, ist immer eine gute Idee.

Pusteblume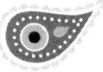

Seit ihre Mutter gestorben war – damals war sie noch ein kleines Mädchen gewesen – fühlte sich Nina allein. Nichts wünschte sie sich sehnlicher, als gute Freunde zu haben. Freunde, mit denen man lachen, tanzen und verrückte Sachen machen konnte. Doch kaum, dass sie eine neue Freundin gefunden und sich einige Male mit ihr getroffen hatte, hatte die sich zurückgezogen und den Kontakt schließlich ganz abgebrochen.

Eigentlich gab es nichts, was gegen Nina sprach. Sie war eine attraktive, sportliche Frau, die gutes Geld verdiente, musikalisch und belesen war und vielfältige Interessen hegte. Sie war nicht einmal besonders anspruchsvoll, was die Auswahl möglicher Freundinnen betraf.

Doch vielleicht war es das: Nichts liebte Nina mehr als zu tratschen. Jedes Gerücht und jedes kleine Geheimnis, das sie irgendwo aufschnappte, merkte sie sich und erzählte es mit vielen Ausschmückungen versehen weiter. Nun mochte zwar jeder Klatsch und Geheimnisse hören – doch keiner liebte es, wenn man seine Geheimnisse verriet und über ihn tratschte. Nina war zwar nicht unbeliebt, so recht vertrauen wollte ihr jedoch niemand, weshalb sie mit ihren Freundschaften kein Glück hatte.

Mit der Zeit war Nina so verzweifelt, dass sie eine alte Freundin ihrer Mutter besuchte. Bei einem Spaziergang klagte sie Ingeborg ihr Leid. Da bückte sich die ältere Frau, pflückte eine Pusteblume und überreichte sie Nina.

»Nimm diese Pusteblume und blase kräftig, sodass alle Samen wegfliegen«, sagte Ingeborg. Nina blickte verwundert, blies dann aber fest, und die Samen flogen mit dem Wind davon.

»Sehr gut. Und jetzt bring mir die Samen alle wieder zurück.«

Nina starrte Ingeborg ungläubig an. »Wie bitte? Aber das ist doch unmöglich!«, rief sie.

Ingeborg nickte. »Genau, Nina. Es ist unmöglich. Aber so machst du es mit deinen Worten: Du bläst sie achtlos in den Wind, sie fliegen in alle Richtungen. Manche fallen auf fruchtbaren Boden und keimen. Andere eher nicht. Was aus ihnen wird, weißt du nicht, und sie zurückzuholen ist unmöglich.«

Nina verstand. Sie lächelte Ingeborg an und die beiden gingen noch eine ganze Weile schweigend nebeneinander her, bevor sie sich voneinander verabschiedeten.

Fortan achtete Nina gut auf ihre Worte. Sie achtete darauf, nicht mehr über andere Menschen zu lästern und keine Gerüchte zu verbreiten. Überhaupt begann Nina, öfter zuzuhören, was andere zu sagen hatten.

Ob es daran lag, das weiß man nie, aber kaum, dass ein Jahr vorüber war, hatte Nina neue Freunde gefunden, darunter Jule, die ihre beste Freundin wurde und mit der sie viel Zeit verbrachte, in der die beiden lachten, tanzten und viele verrückte Sachen machten.

Tiefes Zuhören

Wir brauchen Freunde, mit denen wir reden und denen wir uns anvertrauen können – und das klappt nur mit Menschen, die wirklich gute Zuhörer sind. Umgekehrt können wir unsere Freunde am meisten unterstützen, wenn wir ihnen wirklich zuhören.

Achtsames Zuhören oder besser noch *tiefes Zuhören* ist eine Kunst, die wir weder in der Schule noch bei unseren Eltern lernen, sofern wir nicht sehr großes Glück und außergewöhnliche Eltern haben oder hatten. Wenn du diese Kunst des tiefen Zuhörens beherrschst, wirst du nicht nur mit den Ohren, sondern auch mit deinem Herzen darauf hören können, was einer Freundin oder einem Freund wichtig ist. Dann öffnest du dich und bleibst mitfühlend, auch wenn dein Gegenüber dich kritisiert, Vorurteile hat oder »falsche Ansichten« vertritt. Du bleibst präsent und freundlich und hörst dir alles an, ohne den anderen zu unterbrechen.

Manche Menschen sind sehr extrovertiert, andere eher introvertiert. Letzteren – den Stillen, Nachdenklichen – fällt es meist sehr viel leichter, achtsam zuzuhören. Doch auch wenn du zu den Menschen gehörst, die gern und viel reden, kannst du tiefes Zuhören üben. Du wirst schnell merken, wie heilsam sich das nicht nur auf deine Freundschaften, sondern auch auf dich selbst auswirkt. Die Praxis, mit dem Herzen zuzuhören, ist nämlich zugleich immer auch eine Praxis in Loslassen und Achtsamkeit.

Weißt du, warum wir gute Zuhörer*innen so schätzen? Weil sie uns die Gelegenheit geben, uns auszudrücken und uns selbst reden zu hören – und dabei zu erkennen, dass wir die Antwort auf unsere Probleme im Grunde alle selbst schon kennen. Wir brauchen keine gut gemeinten Tipps, wir brauchen einfach nur einen Spiegel. Durch tiefes Zuhören wirst du zu einem Spiegel für deine Freund*innen. Vielleicht bist du der einzige oder sogar überhaupt der erste Mensch, der ihnen wirklich Zeit und Aufmerksamkeit schenkt. Gute Zuhörer*innen sind seltene Juwelen.

Seinen Freundinnen und Freunden die Möglichkeit zu geben, sich in Ruhe auszudrücken, sich zu öffnen und zu entdecken, was sie tief in ihrem Inneren längst wissen, aber vielleicht noch nie formuliert haben – genau darum geht es. Sobald diese tiefe Ebene der Kommunikation erreicht ist, kann Freundschaft sogar zu einer Art Therapie werden. Oder anders – und etwas überspitzt – gesagt: Wer Freunde hat, braucht keine Therapeuten.

Achtsames Zuhören in der Praxis

Wie funktioniert achtsames Zuhören? An sich ist es ganz einfach und nahe liegend: Gerade wenn es um Probleme geht, hören wir unseren Freund*innen entspannt zu, und statt alles zu kommentieren, halten wir einfach öfter mal den Mund. Leider ist das jedoch alles andere als leicht. Es geht nämlich nicht nur darum, dass wir Kommentare, Besserwisserei und Ratschläge für uns behalten, sondern darum, auch unseren Geist zur Ruhe zu bringen. Dazu müssen wir damit aufhören, innerlich alles zu kommentieren. Auch wenn du den anderen nicht unterbrichst, ihn ausreden lässt und still bleibst – was schon etwas ist, was nur wenige zustande bringen – solltest du also möglichst noch einen Schritt weiter gehen und auch innerlich Ruhe bewahren. Werde zu einem Gefäß, das die Gedanken deiner Freundin oder deines Freundes auffängt.

Auf eine Weise miteinander zu reden, die es beiden ermöglicht, sich selbst besser zu erkennen und sich dabei näherzukommen, ist vor allem deshalb schwierig, weil wir es einfach nicht gewohnt sind. An sich ist achtsames Zuhören nämlich sehr entspannend: Du musst nicht dauernd versuchen, etwas Schlaues zu sagen oder Lösungsvorschläge zu machen. Stattdessen kannst du dich ein bisschen zurücklehnen und auf »Empfang« statt auf »Senden« schalten. Lass deinen Atem zur Ruhe kommen, achte auf eine entspannte Körperhaltung und dann lenk deine ganze Aufmerksamkeit darauf, was deine Freundin oder dein Freund sagt. Gib ihr oder ihm einfach nur die Gelegenheit, sich auszudrücken. Denn es ist zutreffend, was Ralph Waldo Emerson in seinem schönen Zitat sagt: »Ein Freund ist ein Mensch, vor dem man laut denken darf.«

Miteinander reden, miteinander teilen

Es gibt keine starren Regeln dafür, wie achtsame Kommunikation abzulaufen hat. Jeder Mensch ist anders und jede Konstellation zwischen Freund*innen erst recht. Allerdings gibt es ein paar hilfreiche Punkte, die freundschaftliche Gespräche sehr bereichern können:

- Auch wenn Zuhören eher eine mentale Angelegenheit ist – bleib mit deinem Körper verbunden, denn das hilft dir einerseits, entspannt zu bleiben, und ermöglicht es dir andererseits, den Kontakt zum Hier und Jetzt zu bewahren.

- In bestimmten Situationen sind Fragen sehr hilfreich, um mehr Verständnis und Austausch zu ermöglichen. Da ein Gespräch mit Freund*innen keine Therapiestunde ist, solltest du das Ganze auf natürliche Weise entstehen lassen und nur dann Fragen stellen, wenn sie auch zur Situation passen. Solche Fragen könnten zum Beispiel lauten: Was ist dir wichtig – worum geht es dir? Wovon träumst du, was möchtest du gern erreichen? Gibt es etwas, was ich ändern sollte? Was beschäftigt dich gerade, was bereitet dir Sorgen oder macht dir Angst? Worüber ärgerst du dich? Worauf freust du dich?

- Wenn du möchtest, kannst du noch einen Schritt weiter gehen: Überleg dir gemeinsam mit deiner Freundin oder deinem Freund

ein Thema, über das ihr reden wollt, und legt fest, wie viel Redezeit jeder hat, in der der andere ihn nicht unterbrechen darf. Zugegeben, das ist eine sehr strukturierte und etwas künstliche Form der Kommunikation – aber als Übung ist sie Gold wert.
- Natürlich solltet ihr ein Thema wählen, über das ihr gern sprechen wollt – vielleicht ein Problem oder auch ein Ziel oder einen Traum. Wenn du in der Rolle des Zuhörers bist, bleibst du still, ohne nachzufragen und zu kommentieren. Und wenn deine Freundin oder dein Freund eine Weile nichts sagt, dann unterbrich die Stille nicht. Du wirst merken, dass das gar nicht so einfach ist ...
- Zum Abschluss dieser kleinen Übung könnt ihr euch austauschen und euch erzählen, wie es euch jeweils in der Rolle der/des Zuhörenden und Sprechenden gegangen ist.

Das Social-Media-Problem

Über die digitalen Medien wird viel geschimpft, und das hat gute Gründe. Viele von uns fühlen sich durch die mediale Dauerpräsenz überfordert und einige werden sogar krank. Doch wie steht es um Freundschaften im Netz? Dass Facebook, Instagram, Snapchat, TikTok oder Twitter wahre Freundschaften nicht ersetzen können, ist so klar und banal, dass wir's eigentlich gar nicht schreiben wollten, aber so wichtig, dass wir es doch getan haben. Echte Freundschaften leben von echten Begegnungen, und die Umarmung durch eine Freundin oder einen Freund kann weder durch ein großes Display noch durch ein niedliches Emoji ersetzt werden.

In der Anfangsphase vieler Freundschaftsportale war man von den nahezu unbegrenzten Möglichkeiten, miteinander digital in Kontakt zu treten und neue Freunde zu finden, geradezu geblendet. Inzwischen sehen wir das Ganze etwas nüchterner. Nutzer*innen solcher Plattformen erwarten heute längst nicht mehr, dass sie dort richtige Freunde finden können. Ob die Chemie zwischen zwei Menschen stimmt, werden die beiden nur herausfinden, wenn sie sich im wirklichen Leben und nicht in der Scheinwelt des Internets kennenlernen. Wir denken aber, dass Social Media durchaus eine gute Möglichkeit bieten, Freundschaften zu *pflegen*. Mithilfe der sozialen Medien können wir darüber hinaus unser soziales Netz erweitern, indem wir auch Kontakte zu Menschen aufnehmen, die wir auf Festen, beim Sport oder auf Veranstaltungen kennengelernt haben. Social Media sind objektiv betrachtet neutral. Es sind einfach nur Instrumente, die du nutzen kannst, um mit anderen in Kontakt zu bleiben – ganz unabhängig davon, wo sie gerade stecken. Und natürlich lassen sich über das Internet auch Verabredungen, Treffs und Events deutlich leichter organisieren als früher. Falls es dir schwerfällt, im realen Leben Kontakte zu knüpfen oder diese aufrechtzuerhalten, bieten sich durch Social Media sogar besondere Chancen, miteinander zu kommunizieren.

Dass Nutzer*innen sozialer Medien im Leben schlechtere Beziehungen haben, ist ein Märchen. Und doch ist Vorsicht geboten, denn dass im Internet viele Fallen lauern, wissen wir wohl alle. Ebenso wie im richtigen Leben ist es auch im Netz wichtig, dass wir achtsam bleiben, uns über unsere Absichten im Klaren sind und bewusst entscheiden, auf was wir klicken, was wir schreiben und was wir posten.

Die kleinen Freunde

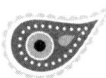

Paul war ein noch junger Mann, der mehr als genug von allem besaß. Nur Freunde, die hatte er nicht. Vielleicht war er ein wenig zu eigensinnig, zu ängstlich oder auch nur zu faul. Jedenfalls fühlte er sich zunehmend einsam. Das brachte ihn zwar nicht dazu, etwas dagegen zu unternehmen, doch es bescherte ihm einen seltsamen Traum:

Eines Nachts träumte er, dass im Wald ein Zauberer lebe, der ihm viele Freunde herbeizaubern könne. Als Paul erwachte, war er verwirrt. Er hatte wenig Vertrauen in seine Träume, glaubte auch nicht an Zauberei und hatte keinerlei Lust, das Haus zu verlassen, um im Wald herumzuschleichen. Aber andererseits ... So eindringlich war der Traum gewesen, dass es in Pauls Innerem zog und zerrte, bis er sich schließlich missmutig ankleidete und sich auf den Weg in das nahegelegene kleine Wäldchen machte. Große Hoffnungen hegte er nicht. Den Zauberer hatte er ja nur geträumt und dass es im wirklichen Leben wohl keine Zauberer gab, war ihm klar.

Mit muffiger Miene trottete er durch den Wald, bis er auf eine Lichtung traf, in deren Mitte ein großer Hügel aus Zucker aufgeschüttet war. Auf dem Hügel saß ein Männlein, das ihm freundlich zuwinkte.

»Ich weiß, warum du gekommen bist und was du brauchst!«, rief das Kerlchen auf dem Zuckerberg. »Und zwar Freunde!«

Pauls Augen leuchteten auf. »Genau!«, rief er.

»Nun«, sagte das Männlein verschmitzt. »Menschen kann ich leider nicht herbeizaubern. Das ist verboten.«

Das Leuchten in Pauls Augen verschwand.

»Aber ich habe etwas viel Besseres«, rief der kleine Zauberer, zog ein kleines Schälchen aus der Tasche seines Mantels, schöpfte damit ein wenig Zucker und drehte das Schälchen um. Doch es rieselte kein Zucker daraus, sondern kleine Püppchen, die Paul zuwinkten und mit ihren piepsigen Stimmchen riefen: »Ich will dein Freund sein!«

Paul grinste breit. Das hörte er gern. Ja, in der Tat – das war wirklich besser als wirkliche Menschen. Was das wohl kosten würde?

Der Zauberer hatte seinen Gedanken erraten und lachte. »Die Zuckerfreunde kosten dich gar nichts. Sie versorgen sich auch selbst. Nur eins solltest du vielleicht wissen: Da die kleinen Freunde von meiner Magie leben, sehe ich natürlich alles, was sie sehen. Aber das wird dich doch sicher nicht stören, oder?«

»Nein, das ist völlig in Ordnung. Und die Freunde kosten nichts? Wie viele darf ich denn haben?«

Der Zauberer lächelte und breitete seine Ärmchen aus. »So viele, wie du willst! Manche haben Hunderte, andere sogar Tausende.«

»Und sie werden alle meine Freunde sein?«

»Aber sicher doch! Und wenn dir ein Freund doch einmal nicht zusagen sollte, so schnippst du einfach mit den Fingern und rufst ›Weg!‹ – und schwupps ist er verschwunden.«

Paul konnte sein Glück kaum fassen. Er holte sich so viele Freunde vom Zuckerberg, dass seine Taschen bis zum Bersten gefüllt waren. Und dann ließ er noch ein paar weitere auf seinen Schultern sitzen. Nun hatte er endlich Freunde, mit denen er reden konnte. Und die Zuckerfreunde redeten und redeten und redeten, bis es Paul ganz schwindlig wurde. Manche redeten seltsame Dinge: Der König trüge nachts rote Unterhosen auf dem Kopf statt seiner Krone. Der Bürgermeister hatte einen Pferdefuß. Die kleine Prinzessin verwandele sich jeden Sonntag in ein niedliches Fröschlein. In Wirklichkeit regiere nicht der König das Land, sondern ein Geheimbund der Schneidermeister. Andere sagten, das alles sei Unsinn. Wieder andere, dass alles im Prinzip schon stimme, doch die Prinzessin würde nicht zum Frosch, sondern zur Maus und das am Freitag. Außerdem seien es nicht die Schneider, sondern die Schuster, die gegen den König intrigierten.

Paul schwirrte der Kopf. Er wusste nicht mehr, was richtig, was falsch, was ausgedacht und was Wirklichkeit war. Da hatte er eine Idee. Er schnippte mit den Fingern und ließ alle Zuckerfreunde verschwinden, die dem widersprachen, was ihm am ehesten wahr zu sein schien. Nun waren alle einer Meinung und es kehrte etwas Frieden ein. Aber nicht für lange. Bald erhob sich ein neuer Streit. Wieder musste Paul mit den Fingern schnippen. Weniger Zuckerfreunde hatte er deswegen nicht – denn jeder brachte wieder eigene Freunde mit. Paul hatte inzwischen Tausende von Zuckerfreunden, die in jeder Ecke seiner Wohnung, oft mehrere Mann hoch, hausten. Und alle hatten etwas zu sagen. Manche riefen die neuesten Neuigkeiten aus den Ecken, andere hingen vom Kronleuchter herab und raunten Paul Ratschläge in die Ohren.

Eines Morgens jedoch, Paul hatte wieder einmal geträumt, blitzte ein entschlossenes Leuchten in seine Augen auf. Er breitete die Arme aus und schnippte mit den Fingern, und mit einem Mal waren alle Zuckerfreunde verschwunden.

Die Sonne blinzelte zum Fenster hinein, die Vögel zwitscherten und Paul fühlte sich ganz seltsam heiter und frei. Er hatte von seinem alten Schulfreund Peter geträumt. Er erinnerte sich, was für gute Freunde sie einst gewesen waren. Doch nun hatten sie sich seit Jahren nicht gesehen. Warum eigentlich? Paul konnte es nicht sagen. Doch er wusste, dass Peter nur ein paar Straßen entfernt wohnte. Paul lächelte, schlüpfte in Stiefel und Mantel, griff sich eine Flasche Wein und machte sich auf den Weg zu seinem alten Freund.

Achtsam online kommunizieren

Die Social Media sind für dich da und nicht umgekehrt. Statt dich von diesen Medien für ihre Werbezwecke benutzen zu lassen, kannst du sie bewusst nutzen. Du kannst darüber den Kontakt zu Freund*innen aufrechterhalten und deine Verbindung zu ihnen vertiefen, indem du versuchst, auch online achtsam zu kommunizieren. Das ist nicht schwer, sofern du einige Punkte beachtest:

- Weniger ist mehr. Du musst weder dauernd und überall erreichbar sein, noch musst du auf jede eingehende Nachricht sofort reagieren. Agiere mehr, reagiere weniger.

- Wenn du deinen Freund*innen per SMS, WhatsApp oder Mail schreibst, dann nimm dir Zeit dafür. Denk in Ruhe nach und formuliere in Ruhe, was du ihnen wirklich sagen willst.

- Erinnerst du dich noch an die Prinzipien der »Rechten Rede«? Sie sind auch beim Schreiben von Textnachrichten wichtig: Ist das, was du schreibst, wirklich wahr? Ist es hilfreich oder nützlich? Benutzt du freundliche und vermeidest du verletzende Worte? Schreibst du überflüssiges Zeug, oder geht es dir wirklich um Austausch?

- Wenn du deinen Freund*innen schreibst, dann tue nebenbei nichts anderes. Lenk deine ganze Aufmerksamkeit auf das, was du gerade machst. Du bewirkst mit jeder Nachricht ein bestimmtes Gefühl oder bestimmte Gedanken bei deinem Freund oder deiner Freundin. Sowohl deine Art der Kommunikation als auch die Intensität deiner Verbindungen bekommen eine ganz neue Qualität, wenn du dir darüber bewusst bist.

- Auch wenn du online kommunizierst, solltest du deinen Körper nicht vergessen. Nimm dir zwischendurch immer wieder etwas Zeit, auf deine Körperhaltung zu achten, dein Gesicht zu entspannen oder dich mal zu strecken. Und vergiss nicht, zu atmen. Wenn du zu einseitig mental unterwegs bist, verlierst du das Ganze aus dem Auge, und dann kannst du nicht mehr achtsam sein. Mach es dir also bequem und atme tief durch, bevor du Freund*innen schreibst.

- Kultiviere eine Geisteshaltung, die auf Achtsamkeit und Mitgefühl ausgerichtet ist. Werde dir der Verbundenheit zwischen dir und deinen Freund*innen bewusst, auch wenn du »nur« online mit ihnen kommunizierst. Egal ob du dich im Alltag oder im Netz mit ihnen austauschst – vergiss dabei nie, dein Herz zu öffnen und der oder dem anderen Verständnis und Wertschätzung entgegenzubringen.

Faktoren
der Verbundenheit

Im Folgenden wollen wir dir noch einmal einige wichtige Faktoren der Verbundenheit zeigen. Dabei handelt es sich um mentale Fähigkeiten oder Qualitäten, die durch Praxis entwickelt werden können und die dir helfen, den Garten deiner Freundschaften zu pflegen. Jeder dieser Faktoren trägt dazu bei, mit deinen Freund*innen mehr Nähe, Vertrauen und – eben – Verbundenheit zu erleben. Statt dich nur auf deine Intuition oder dein Bauchgefühl oder gar auf den Zufall zu verlassen, hast du damit konkrete Möglichkeiten an der Hand, aktiv zu werden.

Nimm dir Zeit

Wenn du von einem blühenden Garten träumst, musst du deine Blumenbeete regelmäßig pflegen, und das heißt natürlich, dass du dir auch Zeit dafür nehmen musst. Wachstum braucht Zeit. Da Freundschaften meist nur langsam wachsen, braucht es viele Begegnungen und jede Begegnung kostet Zeit.

Deine Zeit ist das Wertvollste, das du einer Freundin oder einem Freund schenken kannst. »Ich habe gerade leider keine Zeit«, ist so ziemlich das Letzte, was deine Freunde von dir hören wollen, wenn sie sich gern abends mit dir treffen oder wenigstens eine Weile mit dir telefonieren möchten.

Blumen welken, Kinder verwahrlosen und Freunde verschwinden, wenn wir uns nie Zeit für sie nehmen. Für die wirklich wichtigen Dinge im Leben – und dazu gehören natürlich auch Liebe und Freundschaft – sollten wir uns viel Zeit nehmen. Leider vergeuden wir unsere Zeit aber oft, indem wir sie uns mit Fernsehen, Surfen oder allerlei unwesentlichen Dingen »vertreiben«. In *Der kleine Prinz* von Antoine de Saint-Exupéry finden wir folgende wunderbare Stelle: »Die Menschen haben keine Zeit mehr, irgendetwas kennenzulernen. Sie kaufen sich alles fertig in den Geschäften. Aber da es keine Kaufläden für Freunde gibt, haben die Leute keine Freunde mehr.«

Wie gehst du mit Zeit um? Es kommt letztlich nur darauf an, wofür du dich in jedem Augenblick entscheidest. Manchmal hast du natürlich keine Wahl, weil du zum Beispiel noch einige Stunden im Büro verbringen musst. Aber sehr oft hast du eben schon die Wahl. Und statt den Keller aufzuräumen, deine Autositze zu saugen oder den Fernseher einzuschalten, kannst du eine Freundin anrufen, ihr eine SMS schicken oder dich mit einem Freund auf ein Glas Bier verabreden.

Gerade wenn dein Alltag mit Job, Kindern, Partnerschaft und Haushalt übervoll ist, solltest du dir eine feste Zeit reservieren, um zum Beispiel abends mal Freunde zu treffen oder am Wochenende gemeinsam etwas zu unternehmen. Auf diese Weise signalisierst du ihnen und dir selbst, worauf es im Leben wirklich ankommt. Die Gefahr ist nicht, dass du zu wenig Zeit hast, sondern dass du die Zeit, die du hast, nicht für die Dinge nutzt, die dich erfüllen.

Das Geschenk und die Zeit

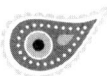

Andres musste eine lange Reise antreten, und da er kein Pferd hatte, schenkte ihm Johann sein bestes Pferd. Der Freund bedankte sich, verabschiedete sich von Johann und seiner Frau und ritt los. Doch schon nach einer Stunde kam er wieder.

»Was ist geschehen?«, fragte Johann.

Andres schüttelte den Kopf. »Ich verstehe es nicht. Das Pferd wollte einfach nicht weiter. Ich glaube, es wollte wieder zurück zu dir.«

Johann zuckte mit den Schultern. »Mag sein. Nun, vielleicht muss es dich erst einmal kennenlernen. Bleib noch einen Tag.«

Johann und Andres verbrachten den ganzen Tag mit dem Pferd, das immer zutraulicher zu Andres wurde. Am nächsten Morgen verabschiedete sich Andres zum zweiten Mal. Doch nach einem halben Tag kam er wieder.

»Das Pferd will wohl doch lieber bei dir bleiben. Erst ging es ganz gut, aber als wir an den großen Fluss kamen, wollte es einfach nicht weiter. Ich habe es mit sanften Worten, mit Zucker und schließlich sogar mit einer Gerte versucht. Aber es blieb stur stehen und ging keinen Schritt mehr.«

»Nun, es hilft nichts. Dann musst du eben noch ein paar Tage bleiben und mit dem Pferd trainieren, bis es deine Befehle befolgt.«

Nach drei Tagen verabschiedete sich Andres zum dritten Mal. Und diesmal kam er nicht zurück.

Johanns Frau sagte: »Findest du nicht, dass du es ein wenig übertrieben hast? Es war schon sehr großzügig von dir, dass du Andres dein bestes Pferd geschenkt hast. Aber jetzt hast du fast eine Woche lang deine Arbeit deswegen vernachlässigt.«

»Ach, meine Liebe«, sagte Johann, »was bringt schon ein Geschenk, wenn der Beschenkte nichts damit anfangen kann? Hätte ich ihm nicht meine Zeit dazu geschenkt, so wäre das Pferd Andres von keinerlei Nutzen gewesen. Was wäre denn das für ein Geschenk für meinen besten Freund gewesen?«

Sei du selbst

Du musst weder perfekt sein, um Freunde zu finden noch um Freundschaften zu erhalten. Du musst nicht einmal anders sein – oder genauer gesagt: Du darfst gar nicht anders sein, als du bist, wenn du Wert auf eine tiefe, erfüllende Beziehung legst. Menschen, die zu dir passen, kannst du nur finden, wenn du dich nicht ständig verstellst.

Bleib dir treu, verbieg dich nicht, denn solange du nur eine

Rolle spielst, wirst du dich nie entspannen können – und deine Freunde werden sich in deiner Gegenwart auch nicht wohlfühlen. Sensible Menschen merken sofort, wenn andere ihnen etwas vormachen. Offenheit ist eine der wichtigsten Voraussetzungen für gute Freundschaften. Solange du nicht weißt, wie der andere in seinem Inneren ist, was er fühlt, was ihn belastet oder wie er über die Welt denkt, kannst du ihm nicht sehr nahe kommen.

Bestimmt kennst du den Spruch: »Sei du selbst, denn alle anderen gibt es schon.« Du selbst zu sein heißt, dass du nicht dauernd darüber nachdenkst, was andere wohl über dich denken – und das gilt auch für deine Freunde. Da wir wohl alle mehr oder weniger dazu neigen, uns anzupassen und zum bösen Spiel im Zweifelsfall eine gute Miene zu machen, braucht es manchmal viel Mut, um zu sich selbst zu stehen. Gerade in Freundschaften solltest du diesen Mut jedoch aufbringen, denn nur wenn du authentisch bist, kannst du selbstbewusst sein und für deine Werte einstehen.

In einer Freundschaft und erst recht in einer Seelenverwandtschaft sollte jeder wissen, woran er mit dem anderen ist. Er sollte sich darauf verlassen können, dass der jeweils andere sagt, was er auch wirklich meint. Sein statt Schein. Das klappt aber bloß, wenn du auch etwas von dir preisgibst. Austausch ist nur möglich, wenn du bereit bist, etwas von dir zu erzählen, und dich traust, darüber zu sprechen, wie es dir wirklich geht, was du fühlst, welche Sorgen und Ängste, aber auch welche Hoffnungen und Träume du hast.

Ohne Authentizität können sich tiefe, vertrauensvolle Freundschaften nicht entwickeln. Jeder Mensch wünscht sich im Grunde, von anderen so akzeptiert zu werden, wie er ist. Such dir Freunde, die dieses Bedürfnis erfüllen. Geh nur Freundschaften mit Menschen ein, die dich genauso haben möchten, wie du bist, und die du umgekehrt deshalb liebst, weil sie genauso sind, wie sie sind.

Übe dich in Toleranz

Toleranz ist ein Schlüssel zu mehr Verständnis und Verbundenheit, nicht nur in der Gesellschaft, sondern auch in unseren Freundschaften. Toleranz ist keine Frage von Höflichkeit, Anstand oder Moral, sondern bietet dir ganz konkrete Vorteile: Wenn dein Herz weit geöffnet ist, kannst du deine Freund*innen so sein lassen, wie sie sind. Und: So wie man nur mutig sein kann, wenn man Angst hat, kann man nur tolerant sein, wenn einen etwas stört. Vielleicht gefällt es dir nicht besonders, wie deine Freundin sich anzieht oder dass sie kaum zu Unternehmungen zu überreden ist, weil ihr Lieblingsplatz das Sofa ist. Vielleicht stört es dich, dass dein Freund dauernd ins Fitnessstudio rennt und viel zu viel Wert auf sein Aussehen und sein Image legt – aber andererseits weißt du auch, dass all diese Äußerlichkeiten, Marotten und Eigenheiten nun einmal zu deinen Freund*innen gehören – also was soll's.

Zu meinen besten Freundinnen gehört eine Physiotherapeutin, die niemals auf die Idee kommen würde, mich anzurufen. Sie freut sich immer aufrichtig, wenn ich mich bei ihr melde. Wenn ich sie besuche, unternehmen wir schöne Dinge und verbringen eine tolle Zeit miteinander. Aber sobald ich wieder zu Hause bin, weiß ich, dass ich vergeblich darauf warten würde, dass sie mal anruft. Darum warte ich gar nicht erst, sondern entspanne mich. Früher habe ich mich ziemlich über dieses Verhalten aufgeregt, aber inzwischen denke ich mir: »So ist sie eben – da kann man nichts machen.«

Toleranz ermöglicht es dir, loszulassen und gelassener zu werden. Je weniger Widerstand du dem, was ist – oder im konkreten Fall dem, wie deine Freunde sind – entgegensetzt, desto besser kannst du dich entspannen und desto weniger musst du dich ärgern. Es gibt nun einmal sehr verschiedene Möglichkeiten, zu leben. In einer freien Gesellschaft kann jeder essen, was und wie er will, sich so anziehen, wie es für ihn okay ist, zu den Göttern beten, zu denen er sich hingezogen fühlt, und die Interessen verfolgen, die ihm am Herzen liegen. Und in guten Freundschaften sollte das erst recht selbstverständlich sein.

Natürlich wird es in Freundschaften immer wieder mal zu Meinungsverschiedenheiten kommen – das ist nicht schlimm, sondern gut. Denn indem Freunde sich gegenseitig ihre unterschiedlichen Standpunkte erklären, findet Austausch statt und der Horizont von beiden kann sich erweitern. Allerdings funktioniert das nur, wenn beide bereit sind, sich die Meinung des anderen auch wirklich anzuhören und sie auch dann zu akzeptieren, wenn's schwerfällt.

Natürlich hat Toleranz auch ihre Grenzen. Toleranz ist ja nicht Gleichgültigkeit. Wenn du beobachtest, dass deine Freunde etwas tun, was andere oder sie selbst schädigt, solltest du ihnen offen sagen, dass du das nicht tolerieren willst. Denn auch dafür sind gute Freunde schließlich da – dem anderen Grenzen zu zeigen.

Toleranz üben

Für manche Menschen ist es sehr schwierig, ihre Ansichten loszulassen und sich zu entspannen, wenn sie es mit der Andersartigkeit ihrer Freunde zu tun haben. Andere sind von Natur aus eher tolerant. Doch so oder so – Übung hilft immer. Wenn du das Gefühl hast, dass es dir und deinen Beziehungen guttäte, toleranter zu sein, können dir die folgenden Anregungen sicher helfen:

- Nimm dich selbst nicht zu ernst und drück öfter mal ein Auge zu. Vielleicht hat deine Freundin oder dein Freund recht seltsame Ansichten, bringt Fakten durcheinander oder ist irgendeinem unsinnigen Aberglauben auf den Leim gegangen. Tatsache ist aber, dass du da nicht viel machen kannst. Weder gute Argumente noch Besserwisserei werden andere bekehren – im Gegenteil: Am Ende streitet ihr euch nur. Leg nicht alles auf die Goldwaage. Bleib lieber achtsam und gelassen und verurteile den andern nicht. Wer weiß – vielleicht liegt er ja sogar richtig und du falsch …

- Intoleranz ist meist ein Zeichen von Angst und Unsicherheit. Intoleranz heißt, dass du etwas nicht aushalten kannst. Gesteh dir ein, dass sich eine andere Art zu denken oder zu leben für dich sehr fremd anfühlen kann. Was fremd ist, beunruhigt uns und löst Abwehr aus – das ist ganz normal und liegt in unserer Biologie begründet. Falls du dich dabei ertappst, deine Freund*innen zu verurteilen, dann frag dich einmal, ob du vielleicht verunsichert bist und ob hinter der vordergründigen Empörung irgendeine Angst stecken könnte. Es ist okay, verunsichert zu sein – dumm ist nur, wenn du es nicht merkst und blind reagierst. Guten Freund*innen gegenüber ist es das Beste, offen zu äußern, dass dich bestimmte Dinge, die sie tun oder sagen, irritieren oder verunsichern und dass es dir schwerfällt, sie zu tolerieren. Das wiederum müssen deine Freunde dann tolerieren.

- »Auch das darf da sein.« Dieser Satz ist ein sehr effektives Mittel, um in vielen Situation mehr Toleranz zu entwickeln. Du solltest dir diesen Satz innerlich immer wieder vorsagen, um behindernde Glaubenssätze zu löschen. Diese lauten zum Beispiel: »So darf das nicht sein.« »Das geht doch nicht!« oder »Das ist ja unmöglich.« Tolerant zu sein heißt aber, zu erkennen, dass es eben doch sein darf, dass es eben doch geht und durchaus möglich ist. Wenn du bei deinen nächsten Begegnungen mit Freund*innen also wieder einmal mit einer Schrulligkeit, einer dummen Gewohnheit oder einer verrückten Ansicht konfrontiert wirst, dann wiederhole innerlich mehrere Male das Gelassenheitsmantra: »Auch das darf da sein.« Dieser kleine Satz kann deine Sichtweise schnell verändern, und er wird dir das Leben mit anderen enorm erleichtern.

Entscheide dich für Treue und Zuverlässigkeit

Treue ist ein etwas altmodisches Wort. Trotzdem ist Treue eine sehr wichtige und schöne Eigenschaft. Ein treuer Freund ist ein Mensch, der uns nicht im Regen stehen lässt; jemand, der für uns da ist, auch wenn alle anderen längst gegangen sind. Du kannst dich bewusst dafür entscheiden, deinen Freund*innen die Treue zu halten. Diese Entscheidung macht dich zu einer zuverlässigen Freundin oder einem verantwortungsvollen Freund. Ganz gleich, wie wild die Stürme des Lebens toben – du bist für deine Seelenverwandten ein sicherer Hafen.

Treue hat nichts mit Unterwürfigkeit zu tun, sondern ist im Gegenteil ein Zeichen von Klarheit und innerer Stärke. Zuverlässig zu sein ist schon im Alltag eine wichtige Tugend. Bei unseren Freunden ist es nicht anders als bei unseren Kindern: Wenn wir etwas versprechen, dann sollten wir es auch halten. Wenn wir uns um 15 Uhr verabreden, sollten wir nicht erst eine halbe Stunde später kommen. Und ich weiß, wovon ich rede. Da es mir früher sehr schwergefallen ist, auf die Uhrzeit zu achten, waren viele meiner Freunde ziemlich frustriert – nur wenige hatten die Gelassenheit, diese Unsitte länger zu tolerieren. Inzwischen habe ich mich jedoch gebessert.

Wenn Paare heiraten, schwören sie sich feierlich ewige Treue. Wahrscheinlich wäre es etwas pathetisch, unter Freund*innen einen Treueschwur zu leisten. Andererseits braucht es weder einen Ring noch eine Kirche oder äußeres Bekunden: Ein innerer Treueschwur – das innere Versprechen oder »Gelöbnis«, dem anderen unter allen Umständen beizustehen, wirkt genauso gut, wenn nicht besser. Eine Freundschaft, die auf Zuverlässigkeit aufbaut, schenkt beiden das Gefühl, dem anderen vertrauen zu können.

Bewahre die Geduld

Mit kleinen Hunden, Kindern und Freunden muss man sehr geduldig sein. Sie machen nur selten, was wir wollen – doch wenn wir die Ruhe bewahren, ist die Zeit mit ihnen das wertvollste Geschenk.

Geduld zu haben ermöglicht es dir, in Freundschaften auch schwere Zeiten gemeinsam zu meistern. Wer Geduld hat, will nicht gleich alles verändern und schmeißt auch nicht gleich alles hin, wenn es Probleme gibt. Und natürlich gibt es in Freundschaften gelegentlich Probleme. Vielleicht entfernt sich eine Freundin oder ein Freund einmal für längere Zeit von dir und lässt nichts von sich hören. Höhen und Tiefen sind normal – Konflikte ebenso. Und Krisen, die unsere Freundschaften auf die Probe stellen, sind leider auch nicht so selten.

Bleib gelassen. Bewahre die Geduld. Gib deinen Freund*innen die Zeit, herauszufinden, was gerade für sie wichtig ist. Gib dir selbst die Zeit, die Dinge auch einmal sacken zu lassen. Und gib dem Leben die Zeit, sich frei zu entfalten.

Gelassenheit hat nichts mit Gleichgültigkeit zu tun. Geduldig zu bleiben heißt nicht, dass deine Freunde dir egal wären – im Gegenteil: Gelassenheit und Geduld schenken ihnen und dir die Chance, sich in Ruhe weiterzuentwickeln. Entspann dich, bleib mitfühlend, lass den Dingen ihren Lauf und lächle – das ist alles. Und je öfter du auf diese Weise Geduld übst, desto leichter wird es, sie später auch in schwierigen Situationen nicht zu verlieren.

Las los und vertraue

Mit Menschen, denen du nicht vertrauen kannst, kannst du nie eine echte Freundschaft eingehen. Vertrauen gehört zu den wichtigsten Qualitäten, die gute Freunde miteinander verbinden. Deinen Freund*innen zu vertrauen bedeutet zum Beispiel, dass du ihnen glaubst, was sie sagen, dass du auf ihre Verschwiegenheit bauen und dass du ihren Rat annehmen kannst.

Nur durch Vertrauen entsteht Nähe. Du kannst dich *trauen*, dem anderen Dinge *anzuvertrauen*, die du sonst niemandem erzählen würdest. Du musst keine Angst davor haben, etwas Falsches zu sagen oder dich zu blamieren. Eine gute Vertrauensbasis ermöglicht es euch, euch gegenseitig eure Sorgen, Hoffnungen oder Sichtweisen mitzuteilen, ohne befürchten zu müssen, dafür verurteilt zu werden.

Wenn du eher zu den misstrauischen Menschen gehörst, wird es dir vielleicht sehr schwerfallen, anderen zu vertrauen. Aber gerade in Freundschaften musst du das, denn jede Angst – und Misstrauen ist ja nichts anderes als eine Form der Angst – schiebt sich wie eine unsichtbare Mauer zwischen dich und deine Freunde. Beziehungsängste machen Vertrauen unmöglich. Die Angst verletzt zu werden ist verständlich – wir kennen jedenfalls keinen Menschen, der nicht irgendwann in seiner Kindheit oder in einer Beziehung verletzt wurde. Und doch sollte das kein Grund sein, sein Herz für alle Zeiten zu verschließen. Angst und Misstrauen können durch Rückzug nie kuriert werden, sondern nur durch Loslassen.

Was kannst du tun, um mehr Vertrauen und damit mehr Nähe zu deinen Freundinnen und Freunden aufzubauen, sodass nicht nur du ihnen, sondern auch sie dir besser vertrauen können? Das Wichtigste ist wohl, dass ihr wirklich ehrlich zueinander seid und viel miteinander redet. Falls es Altlasten gibt, die dir auf der Seele liegen, solltest du auch darüber sprechen. Radikale Offenheit schafft tiefe Verbundenheit. Auch solltest du deine Freunde wertschätzen und sie dich. Und keiner sollte das Gefühl bekommen, vom anderen kontrolliert oder manipuliert zu werden.

Inwiefern es dir gelingt, zu anderen Menschen Vertrauen zu fassen, ist in erster Linie eine Frage deiner geistigen Ausrichtung. Das Entscheidende ist, das Gute zu erwarten, statt immer das Schlimmste zu befürchten. Optimisten haben es leicht, zu vertrauen. Sich auf das Positive auszurichten kann man jedoch auch lernen – in unserem Buch *Füttere den weißen Wolf* geht es genau darum. Natürlich ist es auch wichtig, darauf zu achten, wen du dir als Freundin oder Freund wählst. Menschen, die zuverlässig und positiv eingestellt sind und darüber hinaus auch noch ihr Herz an der richtigen Stelle haben, machen es uns leicht, Vertrauen zu entwickeln.

So wichtig es ist, Vertrauen in die grundsätzliche Verbundenheit zu deinen Seelenverwandten zu haben, so fatal wäre es, auf die falschen Dinge zu vertrauen. Beispielsweise darfst du nicht erwarten, dass deine Freunde nicht auch noch andere intensive freundschaftliche Beziehungen pflegen. Und erst recht solltest du nicht darauf vertrauen, dass sie dich glücklich machen werden. Unrealistische Erwartungen führen zwangsläufig zu Enttäuschungen. Und das hat nichts mit Vertrauen zu tun. »Ich habe darauf vertraut, dass du immer nur für mich da bist und mich glücklich machst – und jetzt hast du mein Vertrauen gebrochen.« Solche und ähnlich irrwitzige Sätze bekommt man in Liebestragödien zu hören. Aber auch in Freundschaften ist es leider gar nicht so selten, dass wir von anderen Unmögliches verlangen.

Sei achtsam und mitfühlend. Lass deine Ängste los, rede offen mit deinen Freund*innen und vertraue dich ihnen bedingungslos an – aber mach nicht den Fehler, anderen die ganze Macht über dein Leben zu geben. Vertraue, aber lass dich nicht ausnutzen. Bewahre deine Würde und deine Selbstwirksamkeit. Und vor allem: Mach dein Glück nie von der Meinung oder vom Verhalten anderer Menschen abhängig – nicht einmal, wenn es deine besten Freunde sind. Nur so kannst du wirklich tiefes Vertrauen entwickeln.

Das Geheimnis des Meisters

Tief im Gebirge lag das »Kloster der vollkommenen Freundschaft«. Der Weg dorthin war beschwerlich, und doch gab es Menschen, junge wie alte, die jede Mühe auf sich nahmen, denn sie suchten eben genau danach: nach der vollkommenen Freundschaft. Der Abt des Klosters war schon sehr alt und alle, die kamen, liebten den Meister.

Im Kloster lebten alle in Harmonie und tiefer Freundschaft, eines aber bewegte viele der Schüler: Es hieß, dass es ein Geheimnis der vollkommenen Freundschaft gäbe; der Meister hatte einst davon gesprochen und auch davon, dass er es aufgeschrieben und wohl verwahrt habe – doch so oft man ihn auch fragte, so lächelte er nur und sagte: »Das Geheimnis ist gut verschlossen. Ihr habt keinen Nutzen davon.« Die Schüler nahmen es hin, denn sie vertrauten ihrem Meister.

Nur ein neuer Schüler war darunter, den plagte die Neugierde doch allzu sehr. Und so schlich er sich, als der Meister gerade im Gespräch war, in dessen Kammer. Dort stand nicht viel: ein Bett, ein Stuhl, ein Tisch. Auf dem Tisch aber stand ein kleines goldenes Kästchen. Das Herz des Schülers schlug höher. Darin musste wohl das Geheimnis sein. Das Kästchen war verschlossen, doch er öffnete es geschickt mit einer winzigen Feile. Ein Stück Pergament lag darin. Begierig las der Schüler: »Du suchtest nach dem Geheimnis der Freundschaft. Das Geheimnis aber liegt in der Kraft des Vertrauens. Leider ist deine Reise hier zu Ende, da du das Vertrauen an diesem Ort nicht gefunden hast. So suche nun in der Welt draußen weiter.«

Der Schüler starrte das Pergament eine Weile an. Dann legt er das Blatt beschämt zurück und verließ das Kloster mit Tränen in den Augen.

Den richtigen Abstand finden

Den richtigen Abstand in Freundschaften zu finden und zu wahren ist eigentlich ganz einfach: Wenn du merkst, dass deine Freundin oder dein Freund Zeit für sich selbst brauchen, dann geh ihr oder ihm nicht auf die Nerven. Und wenn du spürst, dass du selbst deine Ruhe brauchst, dann gönne sie dir. Fertig.

Nur leider ... ganz so einfach, wie die Sache scheint, ist sie wieder mal nicht: Viele Konflikte in Freundschaften sind darauf zurückzuführen, dass es nicht gelingt, ein gesundes Gleichgewicht zwischen Freiheit und Nähe herzustellen. Wie so oft ist es schwer, die richtige Dosis zu finden, und es braucht Achtsamkeit und Sensibilität, um deinen Freund*innen einerseits das Gefühl der Verbundenheit zu geben, sie andererseits aber auch nicht mit deiner Nähe zu erdrücken oder dich erdrücken zu lassen.

Schon am Anfang neuer Freundschaften ist es wichtig, auf das richtige Maß zu achten. Aber warum ist das so schwierig? Vor allem deshalb, weil jeder Mensch andere Bedürfnisse hat – und nicht genug damit, ändern sich diese Bedürfnisse auch noch zu unterschiedlichen Zeiten.

Zum einen musst du darauf achten, deine eigenen Grenzen zu wahren. Wenn du immer für deine Freunde da bist und dich für sie aufopferst, obwohl es viel wichtiger wäre, dich einmal gut um dich selbst zu kümmern, kostet dich das viel Energie. Erst recht, wenn die oder der andere deine Fürsorge gar nicht zu würdigen weiß. Bei der Suche nach dem richtigen Abstand brauchst du daher auch Selbstmitgefühl. Zum anderen sind wir eben nicht immer gleich. Mal sehnst du dich nach Gesellschaft und bist unternehmungslustig, mal wünschst du dir, ein bisschen Zeit mit dir allein zu verbringen. Dann kann es eine große Herausforderung sein, das deinen Freund*innen auch zu sagen, ohne sie zu kränken.

Sich mit anderen zu treffen, obwohl man eigentlich keine Lust hat, ist keine gute Idee. Viel hilfreicher ist es, von Anfang an mit offenen Karten zu spielen: Bitte deine Freunde, dir zu sagen, wenn sie dich sehen möchten oder auch im Gegenteil mal ihre Ruhe brauchen. Aber sag ihnen auch, dass Grenzen vollkommen okay sind und dass es dir in einer Freundschaft wichtig ist, dass beide sich gegenseitig ihre Freiheit lassen können.

Erst im Wechsel zwischen Nähe und Freiheit kann Vertrauen entstehen. Oft ist es sehr wohltuend für eine Beziehung, wenn sich die eine oder der andere einmal für eine Zeit zurückzieht. Erstens hat das meist gute Gründe und zweitens freut man sich anschließend wieder umso mehr, wenn man sich trifft. Eine freiheitliche Atmosphäre ist die beste Voraussetzung für eine dauerhafte und innige Verbundenheit. Nähe, die sich aufdrängt, ruft nur Abwehr hervor. Handle immer aus der Freiheit heraus, nicht aus der Abhängigkeit.

Ein starkes Wir entsteht aus zwei (oder mehr) starken Ichs. Wenn du dich zu sehr an deine Freunde klammerst, nimmst du ihnen die Luft zum Atmen – und letztlich nimmst du sie dir auch selbst. Gebt euch gegenseitig die Wärme und Nähe, damit ihr euch geborgen fühlen könnt, aber auch den Raum und die Freiheit, um wachsen und euch entwickeln zu können – mit anderen Worten: Schenkt euch sowohl Wurzeln als auch Flügel.

Freiheitskreise

Lange bevor er die Menschen schuf, wollte Gott wissen, wie es denn die Himmelskörper mit der Freiheit hielten. Als Erstes begegnete ihm ein Komet, der seine Bahn um die Sonne zog. Nur einmal in hundert Jahren kam er der Sonne nahe – dann zog er wieder davon, weit fort in die dunklen Regionen des Alls. Er wirkte recht zufrieden. »Ich mag die Sonne ja ganz gern«, sprach er und wedelte freudig mit seinem Schweif. »Aber meine Freiheit ist mir doch noch lieber. Dann und wann, so alle hundert Jahre, schaue ich schon mal bei ihr vorbei. Aber da wird's mir dann schnell zu heiß, und ich sehe, dass ich wieder fortkomme. Also, ich muss jetzt weiter. Ciao, lieber Gott!«

Gott lächelte und winkte dem Kometen zum Abschied zu. Als Nächstes traf er den Mond. Der kreiste schon lange, lange Zeit um die blaue Erde.

»Ah, hallo, Gott!«, rief der Mond. »Wie ich es mit der Freiheit halte? Ach, ich fühle mich nicht unfrei. Aber ich liebe nun einmal die Erde. Und ich glaube, sie braucht mich auch. Was wäre sie ohne mich, ihren treuen Mond? Danke der Nachfrage, aber die Freiheit, die ich habe, genügt mir vollkommen.«

Gott lächelte dem Mond liebevoll zu, und da er ja nun schon einmal in der Nähe war, fragte er auch gleich noch die Erde, ob sie denn mit ihrer Freiheit zufrieden sei.

»Ich kann mich wirklich nicht beklagen«, sagte die Erde. »Ich habe ja meinen lieben Mond. Nun ja, ich mag es auch warm. Und so bin ich ein Verehrer der Sonne und kreise – mit genügend Abstand – um sie. Ich bin völlig zufrieden. Du hast das wirklich gut gemacht, lieber Gott!«

»Danke«, sagte Gott und schmunzelte ein wenig.

Nun wollte er noch die Sonne fragen. Die Sonne strahlte, als Gott sie fragte, ob sie mit ihrer Freiheit zufrieden sei. »Aber natürlich!«, rief sie. »Du und ich, wir sind uns ja recht ähnlich: Wir stehen im Mittelpunkt und alles kreist um uns – so ist es mir recht. Solange ich nur in der Mitte bleibe.«

Gott verkniff sich ein Lachen, verabschiedete sich und betrachtete von Weitem die Sonne bei ihrem Kreisen um das Zentrum der Milchstraße.

Verbunden
im Universum

»Du und ich – wir sind eins.
Ich kann dir nicht wehtun,
ohne mich zu verletzen.«

Mahatma Gandhi

Du bist nicht allein. Alles ist eins. Alles ist mit allem verbunden. Was das betrifft, sind sich Religion und Wissenschaft ausnahmsweise mal einig. Wusstest du, dass du mit jedem Menschen auf diesem Planeten verwandt bist? Mithilfe unserer mitochondrialen DNA – einer genetischen Information, die über Frauen weitergegeben wird – konnten Wissenschaftler*innen berechnen, dass jeder heute lebende Mensch genetisch von einer Frau abstammt, die vor etwa 200.000 Jahren gelebt hat. Ganz gleich also, wie weit weg jemand wohnt und wie fremd er dir erscheinen mag, im weitesten Sinne ist er doch mit dir verwandt, wenn auch nur sehr entfernt.

Der buddhistische Mönch Thich Nhat Hanh hat den schönen Begriff *Interbeing* geprägt: Nach buddhistischer Auffassung kann nichts und niemand aus sich selbst heraus existieren. Der Begriff bezeichnet die Allverwobenheit sämtlicher Phänomene. Jeder von uns ist in ein unfassbar komplexes Netz aus unterschiedlichsten Beziehungen eingebettet. *Interbeing* wird meist mit »wechselseitige Verbundenheit« übersetzt. Jede Pflanze, jedes Tier, jeder Mensch ist Teil des kosmischen Tanzes. Wir atmen alle die gleiche Luft. Die Sonne, das Wasser, die Nahrung, die du aufnimmst, werden zu einem Bestandteil deines Organismus. Jede Ursache hat Wirkungen – und das bezieht sich auch auf jede deiner noch so kleinen Entscheidungen.

Damit du auf die Welt kommen konntest, mussten genetische Informationen über unzählige Generationen weitergegeben werden. Sogar deine Gedanken sind Teil des menschlichen Bewusstseinsstroms. Während du wahrscheinlich glaubst, dass deine Gedanken und Gefühle wirklich »deine« sind, hängen sie doch eng mit den Gedanken und Gefühlen vieler anderer Menschen zusammen. Und sie alle wurden in ähnlicher Form schon von anderen gedacht oder gefühlt.

Alleinsein ist eine Illusion. Das Gefühl der Einsamkeit ist es allerdings nicht. Unser eigentliches Drama besteht darin, dass wir zwar alle miteinander verbunden sind und alle die gleichen Wurzeln teilen, dass wir das aber leider nicht realisieren. Wir spüren die Verbundenheit einfach nicht – auch nicht, wenn wir noch so viel über mikro- und makrokosmische Zusammenhänge wissen. Je weniger wir aber die Verbundenheit mit all unseren sichtbaren und unsichtbaren Verbündeten spüren können, desto stärker fokussieren wir uns auf unser Ego, und so verlieren wir den Kontakt zum Interbeing.

Die Farben des Regenbogens

Die Gelehrten an der großen Universität stritten sich: Alte Schriften erwähnten einen Regenbogen – doch seit tausend Jahren regnete es nur noch nachts und kein Lebender hatte je diesen Regenbogen mit eigenen Augen gesehen. Und so kam es zum Streit darüber, welche Farbe dieser Regenbogen wohl haben möge. Ein alter Professor lachte über die anderen. »Ein Regenbogen ist doch nur ein Märchen, ein Symbol der Alten, das es aber in der wirklichen Welt nicht gibt!«

Die meisten anderen waren nicht so strikt. Sie konnten sich nur eben nicht darüber einigen, welche Farbe dieser Regenbogen denn hätte. Nur blau konnte er wohl kaum sein, da der Himmel ja schon blau war. Da hätte man ihn ja gar nicht sehen können. Darüber waren sich fast alle einig, außer einem besonders streitbaren Professor, der meinte, gerade deswegen sei der Regenbogen sicherlich blau. Aber auch alle anderen Farben fanden Anhänger.

Ein ganz junger Gelehrter brachte eines Tages die Meinung zum Vortrag, dass der Regenbogen vielleicht alle Farben hätte und dass alle diese Farben zusammengehörten und sie erst den Regenbogen ausmachten. Doch das höhnische Gelächter seiner älteren, gelehrten Kollegen brachte ihn bald zum Schweigen.

Und so stritten die schlauen Männer noch viele Jahre, welche Farbe der Regenbogen wohl hätte.

Vom Ich zum Du zum Wir

Friedrich Schiller schrieb einmal: »Egoismus ist Einsamkeit.« Dass unser wahres Glück nicht im Ich, sondern nur im Wir zu finden ist, das spüren wir im Grunde ohnehin alle. Nicht nur Philosoph*innen aller Zeiten haben darauf hingewiesen, auch moderne Studien belegen die einfache Wahrheit: Der Mensch ist ein Gemeinschaftswesen – ein *zoon politikon*. Nur wenn wir uns zugehörig fühlen und uns nicht so sehr als Ego, sondern als Teil eines sehr viel größeren Ganzen empfinden, können wir Erfüllung und Lebensfreude finden. Einzelkämpfer*innen, die sich von der Welt abgeschnitten fühlen, haben es nicht nur schwer, Freundschaften einzugehen – sie haben sogar eine niedrigere Lebenserwartung als Menschen, die ein starkes soziales Netz pflegen.

Wie kannst du dich von dem – übrigens ganz normalen – Gefühl befreien, von anderen getrennt, allein, unverstanden und ganz auf dich selbst gestellt zu sein? Wie kannst du vom Ich zum Wir finden? Am einfachsten über das Du – und da kommen deine Freundinnen und Freunde ins Spiel.

Das Gefühl der Verbundenheit muss entwickelt werden. Wir können nicht einfach so die Zellentür öffnen und aus dem Gefängnis unseres Egobewusstseins herausspazieren. Das Gefühl der Zugehörigkeit lässt sich auch nicht durch Nachdenken oder intellektuelle Einsicht erzeugen. Aber indem du die Verbundenheit zu deinen Freund*innen pflegst, öffnest du die Tür nach draußen Stück für Stück immer weiter. In jeder freundschaftlichen Begegnung kannst du mehr Achtsamkeit und Mitgefühl entwickeln.

Beginne bei dir selbst: Schon etwas mehr Selbstmitgefühl, und du wirst eine sehr viel bessere Freundin oder ein besserer Freund sein. Stärke dann deine Verbundenheit zu deinen Seelenverwandten – »trainiere« liebevolle Achtsamkeit. Und schließlich kannst du dein Herz immer weiter öffnen und dein Mitgefühl auf immer mehr Menschen ausdehnen – vom Ich zum Du zum Wir.

Mit sich selbst im Reinen zu sein und sich selbst freundlich und wertschätzend zu behandeln, verleiht dir starke Wurzeln. Deine Freund*innen mitfühlend zu unterstützen, dich mit ihnen auszutauschen und wirklich präsent zu sein, wenn du dich mit ihnen triffst, lässt die Kraft der Verbundenheit immer weiter wachsen. Der dritte Schritt dieser Entwicklung besteht darin, dich auch anderen Menschen zuzuwenden und sie – sofern es eben möglich ist – in dein Herz und deinen Freundeskreis mit einzuschließen. Natürlich sind diese drei Stufen nicht wirklich voneinander getrennt. Während du dich um die Menschen kümmerst, denen du begegnest, kümmerst du dich zugleich immer auch um dich selbst. Während du gut für dich selbst sorgst und Selbstmitgefühl entwickelst, pflegst du zugleich deine Freundschaften. Alles geht ineinander über – alles ist eins.

Das verhängnisvolle Fundstück

Zwei Freunde wanderten durch das Land. Eines Tages, sie kamen gerade durch ein kleines Wäldchen, rief Manu: »Sieh mal, was dort glitzert!« Unter einem Baum funkelte es, wie von Edelsteinen. Die beiden liefen hin und fanden dort einen edelsteinbesetzten Dolch.

»Da habe ich ja etwas wirklich Wertvolles gefunden!«, rief Daren, kaum dass er den Dolch in der Hand hielt. Manu sah ihn an und schüttelte den Kopf. »Du meinst wohl, wir haben den Dolch gefunden!«

Doch Daren sagte: »Nein, mein Lieber. Ich habe ihn entdeckt.« Manu war deutlich anzusehen, dass er damit ganz und gar nicht einverstanden war, doch er wollte sich nicht mit seinem Freund streiten. Und so gingen sie schweigend nebeneinanderher, bis sie ein kleines Dorf erreichten.

Als die Dorfbewohner den Dolch an Darens Gürtel sahen, erhoben sich empörte Stimmen – und bevor die Freunde wussten, was geschah, kamen drei starke Männer mit Schwertern, ergriffen Daren und fesselten ihn. Dann wurde er vor den Dorfrichter geführt.

»Du dreister Bursche! Dass du es wagst, hier zu erscheinen! Bevor der Kaufmann starb, konnte er noch den Dolch seines Mörders beschreiben. Du hast wohl nicht gedacht, dass er noch so lange leben würde.«

Daren fiel auf die Knie. »Nein, ich bin unschuldig! Wir haben diesen Dolch in dem Wäldchen vor der Stadt gefunden.«

Der Richter wandte sich an Manu und sagte mit strenger Stimme. »Stimmt das? Ihr beide habt den Dolch gefunden? Hast du etwa auch etwas mit dem Mord an dem Kaufmann zu tun?«

Daren wurde sogleich bewusst, was ihm seine Gier eingebracht hatte, und er sah Manu flehend an.

Manu zögerte keine Sekunde: »Ja, das stimmt. Als wir beide auf unserer Wanderung an der alten Buche vorbeikamen, sahen wir im Gras etwas glitzern und so haben wir diesen Dolch gefunden. Wir wussten nicht, dass er zu einem Mord gebraucht wurde. Mein Freund hat *den Dolch zuerst gesehen, und daher durfte er ihn tragen. Seit Tagen wandern wir zusammen – natürlich ist er kein Mörder!«*

Der Richter sah den beiden tief in die Augen und glaubte Manu. So wurde Daren wieder frei gelassen und sprach fortan nur noch »wir« und nie mehr »ich«.

Die erwachte Gesellschaft

Freundschaft ist ein wunderbares Geschenk, aber es beinhaltet auch eine Aufgabe. Dass wir uns über dieses Geschenk freuen, indem wir die Zeit mit unseren Freundinnen und Freunden genießen, ist sehr wichtig, denn daraus erwächst Dankbarkeit. Doch unsere spirituelle Aufgabe sollten wir darüber nicht vergessen – sie besteht darin, Verbundenheit ganz allgemein zu fördern.

Was immer du ausstrahlst, wirkt. Sowohl in dir selbst als auch auf der Welt, in der du lebst. Wir Menschen haben keine Zeit mehr, die Dinge einfach weiterlaufen zu lassen. Wir haben keine Zeit mehr, deprimiert oder verzweifelt zu sein oder Gefühle der Angst oder des Hasses in uns zu nähren. Wir haben keine Zeit mehr, wertvolle Stunden mit Grübeln und Sorgen zu verschwenden. Und wir haben keine Zeit mehr, unsere Abende oder Wochenenden mit seichter Unterhaltung und unbedeutenden Ablenkungen zu verbringen. Natürlich werden diese Gewohnheiten zeitweise die Oberhand gewinnen – aber das macht nichts. Je achtsamer du wirst, desto klarer wirst du erkennen, wie wichtig es ist, deinen Weg nicht aus den Augen zu verlieren. Allerdings setzt das auch eine klare Absicht voraus. Du musst es wollen! Du musst dich bewusst dafür entscheiden, von Tag zu Tag mehr für dich da zu sein und dein Herz zugleich für andere zu öffnen.

Dass es um den Zustand unseres Planeten schlecht steht, weiß inzwischen jedes Kind. Ob Klimakatastrophe, Pandemie oder Kriege und Krisenherde – keine Nachrichtensendung vergeht, ohne ein Gefühl der Panik in uns zu hinterlassen. Jeder Mensch reagiert unterschiedlich auf all die Horrormeldungen oder die Einschränkungen des Alltags. Die einen stecken den Kopf in den Sand und wollen von alledem nichts mehr wissen. Nicht wenige verfallen in Depressionen, während andere mit Hass und Wut reagieren, die die Folge tief sitzender Ängste sind. All diese Reaktionen sind verständlich und auch sehr menschlich. Hilfreich und heilsam sind sie jedoch nicht.

Wenn die Krise, in die sich die Menschheit hineinmanövriert hat, eine wichtige Botschaft enthält, dann die, dass wir jetzt die Gelegenheit haben, aus der begrenzten Sichtweise unseres Egos und damit zugleich aus all den Ängsten, der Verzweiflung und der Hoffnungslosigkeit auszusteigen, die unseren Blick trüben. Jetzt oder nie! Entweder wir schaffen das gemeinsam, oder wir gehen gemeinsam unter.

Was wir brauchen, ist eine Kultur der Achtsamkeit und des Mitgefühls – wir müssen ganz neue Wege beschreiten, um uns selbst, unsere Freunde und alle Menschen um uns herum vor Leiden zu bewahren. Letztlich sehnt sich jeder von uns nach Glück und Erfüllung, nach guter Luft, sauberem Wasser und einer gesunden, heilen Erde. Und im Grunde wünscht sich jeder, in Frieden und Freiheit zu leben. Sogar Menschen, von denen man das nicht unbedingt vermuten würde, weil sie zum Beispiel gewalttätig sind oder sehr unbewusst leben, möchten frei von Leiden sein.

Wenn wir mit uns selbst und unserem Planeten weiterhin so verfahren wie bisher, ist es bis zum Abgrund nicht mehr weit. Wir brauchen ein kollektives Erwachen – ein neues, offeneres Bewusstsein. Die gute Nachricht ist, dass der Wandel schon begonnen hat. Vielerorts können wir beobachten, wie große Teile der Zivilgesellschaft immer enger zusammenwachsen. Das global erwachende Bewusstsein drückt sich unter anderem in einem starken Engagement zahlreicher NGOs und wohltätiger Organisationen aus. Schätzungen zufolge gibt es weltweit inzwischen mehr als zwei Millionen Organisationen, die sich für Klimaschutz, ökologische Nachhaltigkeit, Menschenrechte und eine achtsamere Lebensweise einsetzen.

Wir alle können Teil dieser großen Transformation sein. Wir alle können dafür sorgen, dass Achtsamkeit, Liebe und Freude unser zukünftiges Leben bestimmen. Ob allein oder mit unseren Freund*innen, ob in Organisationen oder in unseren Gemeinden, das spielt keine Rolle. Selbst unscheinbare Dinge wie kleine Gesten des Mitgefühls tragen zur Veränderung bei: Du musst nicht gleich »die Welt retten« – du kannst auch einfach nur deine Nachbarin oder den Postboten anlächeln, deinen Hund streicheln oder mehr Zeit mit deinen Freund*innen verbringen. Solange du nur mit dem Herzen dabei bist, bist du in die richtige Richtung unterwegs.

Verbundenheit üben

Wir haben in diesem Buch viel darüber gesprochen, wie man Freunde gewinnt, wie man Freundschaften pflegt und welche Rolle Mitgefühl und Achtsamkeit dabei spielen. Vielleicht war das ein bisschen viel Theorie, aber wir hoffen, dass du durch die kleinen, inspirierenden Geschichten auch immer wieder Gelegenheit hattest, das eine oder andere tiefer eindringen zu lassen. Am Ende dieses Buches wollen wir dir noch eine einfache Übung mit auf den Weg geben. Das Einzige, was wirklich nötig ist, um dein Leben bewusst zu leben, deine Freundschaften aufblühen zu lassen und zum kollektiven Erwachen beizutragen, ist nämlich Übung. Und am Ende gibt es nur eine einzige Sache, um die du dich wirklich kümmern solltest, und das ist Verbundenheit. Achtsamkeit und

Mitgefühl entwickeln sich ganz von selbst, wenn du mit dir selbst, deinen Freund*innen und anderen Menschen innerlich verbunden bist. Die folgende Übung hilft dir, die Kraft des Mitgefühls und der Verbundenheit in dir zu wecken.

Verbundenheits-Scan

Forscher konnten nachweisen, dass sich die Gehirnwellen von Menschen, die Mitgefühl füreinander empfinden, aufeinander »einschwingen« und dass sich auch die Herzfrequenz angleicht. Dabei spielt es keine Rolle, ob die Menschen räumlich weit voneinander getrennt sind – solange sie nur liebevoll aneinander denken, baut sich eine unsichtbare Verbindung auf.

Um das Gefühl der Verbundenheit zu deinen Freund*innen zu stärken und in positive Resonanz mit ihnen zu gehen, kannst du die Kraft der liebevollen Visualisierung nutzen. Die folgende Übung hat entfernt Ähnlichkeit mit dem Bodyscan – einer Achtsamkeitsübung, bei der du in deiner Vorstellung durch jeden einzelnen Teil deines Körpers reist. In dieser Übung lenkst du deine liebevolle Achtsamkeit aber nicht auf deinen Körper, sondern auf deine Freund*innen oder genauer gesagt auf das Bewusstseinsfeld deiner Beziehungen.

- Nimm dir etwas Zeit, in der du ungestört bist. Setz dich entspannt und aufrecht hin, schließ die Augen und komm ganz im gegenwärtigen Moment an. Lass alle deine Gedanken und Gefühle allmählich zur Ruhe kommen, indem du dich einige Zeit auf das Ein- und Ausströmen des Atems konzentrierst. An den Nasenflügeln oder im Bauch kannst du dir deines Atemstroms am einfachsten bewusst werden. Entspann dich dabei.
- Lass in deinem Herzen ein Lächeln entstehen, indem du dich dir selbst freundlich zuwendest. Lass dieses Lächeln aufsteigen – in

die Kehle, die Mundhöhle, zu den Lippen und Augen. Es kann ein ganz sanftes Lächeln sein, und da es sich um ein inneres Lächeln handelt, muss es nicht einmal sichtbar sein.

- Als Nächstes stellst du dir einen deiner besten Freundinnen oder Freunde vor. Versuche, sie oder ihn möglichst deutlich zu visualisieren. Du kannst dir vorstellen, dass deine Freundin oder dein Freund vor dir sitzt oder steht oder an eine Situation denken, in der ihr euch sehr nah gefühlt habt.

- Schau deine Freundin oder deinen Freund in deiner Vorstellung liebevoll an – lächle ihr oder ihm zu. Atme einige Male entspannt und sprich dabei innerlich den Satz »Mögest du glücklich sein«. Wenn es dir lieber ist, kannst du auch einen anderen Satz denken, beispielsweise »Wir sind im Herzen verbunden«. Such eine Formulierung, die für dich passt und dein Gefühl des Miteinanders am besten ausdrückt.

- Während du deine Freundin oder deinen Freund visualisierst und den Satz mehrmals innerlich in einem freundlichen, sanften Ton wiederholst, kannst du deine Achtsamkeit auf dein Herz lenken und spüren, was dich mit diesem Menschen verbindet – vielleicht taucht eine schöne Erinnerung auf oder die Gewissheit, dass ihr zusammengehört.

Diese Verbundenheitsmeditation ist sehr einfach: Schon mit etwas Übung wirst du die heilsamen Wirkungen spüren. Wähle zuerst einen Menschen, mit dem du dich ohnehin stark verbunden fühlst. Wiederhole den ganzen Zyklus dann aber auch mit anderen Freund*innen oder mit Bekannten, zu denen du dir eine intensivere Beziehung wünschst. Lass der Reihe nach verschiedene Menschen, die dir wichtig sind, vor deinem inneren Auge erscheinen. Versuch ein klares Bild von ihnen entstehen zu lassen, lächle ihnen zu und wünsche ihnen Glück.

Geh kreativ mit dieser Meditation um. Manchmal ist es gut, dich nur auf eine einzige Freundin oder einen Freund zu konzentrieren und dir dafür mehr Zeit zu nehmen. Manchmal ist es besser, dir drei oder vier deiner besten Freunde vor dein inneres Auge zu holen. Und wenn du das Gefühl hast, dass du deinen »Kreis der Liebe« vergrößern solltest, kannst du auch mehrere Menschen abwechselnd mitfühlend visualisieren. Du kannst den Verbundenheitsscan sogar auf eine ganze Gruppe richten, wie etwa all deine Kollegen oder deine Familie. Geh nicht zu technisch vor – es gibt keine strengen Regeln. Hör auf deinen Bauch und vor allem: Hör auf dein Herz.

Die Lebensaufgabe

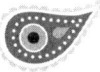

Wie so viele, so wusste auch die junge, fleißige Studentin nicht wirklich, was der Sinn ihres Lebens sein könnte. Wenn sie doch nur eine lohnende Lebensaufgabe hätte! So ging sie zu ihrer Lieblingsprofessorin und stellte ihr das Problem dar. Die trank gerade ein Tässchen Tee, bot ihrer Studentin einen Keks an und blickte sie lange nachdenklich an. Dann riss sie ein Stück Papier aus ihrem Notizbuch und reichte es der Studentin. »Erforsche die Verbundenheit, Karina. Was war alles nötig, damit du dieses Stück Papier in der Hand hältst? Wenn du fertig bist und die Antwort weißt, dann komm wieder.«

Karina nickte und ging. Wollte ihre Professorin sie verspotten oder war das eine Art Rätsel? Wörtlich konnte sie es ja wohl kaum gemeint haben.

Die Studentin traf sich mit ihren Freundinnen, sie tanzten und scherzten und lachten, und als sie spät in der Nacht ins Bett ging, nahm Karina noch einmal das abgerissene Blatt Papier in die Finger. Ja, wie kam das Blatt denn nun in ihre Hände? Klar – weil ihre Professorin es ihr gegeben hatte. Nachdem sie es aus ihrem Heft gerissen hatte. Aber *dazu musste ja erst einmal so ein Heft hergestellt worden sein. Ja, und natürlich Papier. Wie machte man eigentlich Papier? Karina war plötzlich hellwach. Bis in die frühen Morgenstunden dachte sie darüber nach, was alles mit dem Stück Papier verbunden war – die Bäume, die Sonne, der Regen, die Holzfäller, die Maschinen, die Transporte ... Da ahnte sie, dass es eine große Aufgabe war. Am Ende des nächsten Tages wusste Karina, dass es nicht nur eine große, sondern geradezu eine gewaltige Aufgabe war. Um alle Fäden aufzuspüren, die es ermöglicht hatten, dass sie ein einfaches Stück Papier in den Händen halten konnte, würde ihr ganzes Leben nicht ausreichen. Am dritten Tag aber erschien ein großes Lächeln auf ihrem Gesicht, als sie die Verbundenheit aller Dinge in ihrem Herzen fühlte und wusste, dass jeder Mensch, ja, jedes noch so unscheinbare Ding, ein ganzes Universum war.*

Ein paar Worte zum Abschied

Wenn heute Abend eine kleine goldgelockte Fee auf unserer Tastatur sitzen sollte und wir einen Wunsch frei hätten, würden wir uns wünschen, dass dir unser Buch ein paar Anstöße, Inspirationen, aber auch konkrete Wege zeigen konnte, um die Verbundenheit zu dir selbst und deinen Freund*innen neu zu entdecken und das Band eurer Freundschaft immer reißfester werden zu lassen. Natürlich würden wir uns auch freuen, wenn sich unser Buch eine Million Mal verkauft, da wir dann Champagner aus Plastikeimern trinken und uns sandkastenschaufelweise Kaviar einverleiben könnten. Aber das wird wahrscheinlich nicht passieren: Erstens verkaufen sich Bücher wie dieses nicht so oft, da sie nur besondere Menschen ansprechen – und die sind nun einmal selten, da sie sonst ja auch nicht besonders wären. Zweitens sind Champagner und Kaviar mit das Dümmste, wofür man sein Geld ausgeben kann, denn es gibt so viele wichtige Dinge zu verändern. Wer genug Geld hat, kann gemeinnützige Organisationen fördern oder Umweltprojekte unterstützen. Wer zu wenig Geld hat, kann durch seine innere Haltung, durch Achtsamkeit, Mitgefühl und klare Entscheidungen ebenfalls enorm dazu beitragen, die Probleme unserer Zeit zu lösen. Doch so viel wir als Einzelne auch bewirken können – es ist nur ein winziger Bruchteil dessen, was wir gemeinsam bewirken können. Der Weg vom Ich zum Wir führt über das Du – und dieses Du können wir vor allem in unseren Freundinnen und Freunden ergründen.

Abschiedswunsch

Mögest du glücklich sein.
Mögest du die Menschen finden,
die dich auf deinem Weg begleiten
und mit denen du wunderbare Freundschaften
eingehen kannst.
Möget ihr füreinander da sein, euch füreinander öffnen
und euch gegenseitig inspirieren.
Möget ihr gemeinsam dazu beitragen, Leiden zu lindern
und Liebe erblühen zu lassen.

Literatur

Holt-Lundstad, Julianne / Smith, Timothy B. / Layton, J. Bradley: *Social Relationships and Mortality Risk: A Meta-analytic Review.* 2010, https://doi.org/10.1371/journal.pmed.1000316

Hüther, Gerald: *Verbundenheit – Warum wir ein neues Weltbild brauchen.* Hogrefe, Göttingen 2018

Jiménez, Fanny: *Freunde machen glücklich und gesund.* In: WELT online, 12.01.2016. https://www.welt.de/gesundheit/psychologie/article150924972/Freunde-machen-gluecklich-und-gesund.html (Zuletzt abgerufen am 03.02.2022)

k. A.: *Gute Freunde verlängern das Leben.* In: WELT online, 28.07.2010. https://www.welt.de/gesundheit/article8679130/Gute-Freunde-verlaengern-das-Leben.html (Zuletzt abgerufen am 03.02.2022)

McTaggart, Lynne: *The Bond: Die Wissenschaft der Verbundenheit.* Goldmann, München 2017

Neff, Kirstin: *Selbstmitgefühl – Wie wir uns mit unseren Schwächen versöhnen und uns selbst der beste Freund werden.* Kailash, München 2012

Saint-Exupéry, Antoine de: *Der kleine Prinz.* Karl Rauch Verlag 1950, Seite 67, Übersetz.: Grete und Josef Leitgeb

Salzberg, Sharon: *Wahre Liebe: Der buddhistische Weg, mit sich selbst und anderen glücklich zu leben.* O.W. Barth, München 2017

Scheuermann, Ulrike: *Freunde machen gesund.* Knaur Balance, München 2021

Schmid, Wilhelm: *Vom Glück der Freundschaft.* Insel Verlag, Berlin 2014

Schoepp, Sebastian: *Rettet die Freundschaft – Wie wir gemeinsam wieder zu mehr Leichtigkeit und Lebensfreude finden.* Westend, Frankfurt am Main 2022

Schweppe, Ronald/Long, Aljoscha: *Die 7 Geheimnisse der Schildkröte. Den Alltag entschleunigen, das Leben entdecken.* Heyne, München 2010

Spitzer, Manfred: *Einsamkeit – Die unerkannte Krankheit.* Droemer, München 2019

Stocker, Christian: *Mitgefühl üben.* Springer Fachmedien, Wiesbaden 2020

Thich Nhat Hanh: *Einfach miteinander.* O.W. Barth, München 2021

Vedder, Björn: *Neue Freunde: Über Freundschaft in Zeiten von Facebook* (Transcript Verlag, Bielefeld 2017)

Wolf, Doris: *Einsamkeit überwinden.* PAL Verlagsgesellschaft, München 2016

Yang, Yang Claire/Boen, Courtney/Gerken, Karen/Li, Tang/Schorpp, Kristen/Mullan Harris, Kathleen: »Social Relationships and Physiological Determinants of Longevity across Human Life Span«. In: *Proceedings of National Academy of Science*, 2016 113(3): 578-83.

Über die Autoren

Ronald Schweppe und Aljoscha Long vermitteln ganzheitliche Lebenskunst auf leicht verständliche Art und Weise. Moderne Psychologie, zeitgemäße Philosophie und östliche Spiritualität fließen in ihren Werken harmonisch zusammen.

Ronald Schweppe ist Orchestermusiker und Meditationslehrer, Aljoscha Long Psychologe, Komponist und Tai-Chi-Lehrer. Sie sind bekannt durch zahlreiche erfolgreiche Veröffentlichungen. Die beiden Autoren pflegen selbst eine über vier Jahrzehnte dauernde Freundschaft zueinander.

Weitere Veröffentlichungen der Autoren

Achtsamkeitsimpulse für dich – Kurze Momente des Innehaltens für weniger Stress und mehr Gelassenheit. mvg, München 2021
Die Kunst, einen Elefanten zu reiten. Kaffeehaus-Gespräche über das Glück und das Leben. Diederichs, München 2021
Kleine Meditationen für den Alltag. 55 Übungskarten für mehr Achtsamkeit und Lebensfreude. mvg, München 2020
55 Achtsamkeitsimpulse für dich. Kartenset. mvg, München 2020
Affen im Kopf. Mentale Gelassenheitsstrategien für einen ruhigen Geist. mvg, München 2020
Mit dem Herzen siehst du mehr. Lotos, München 2020
Die kosmische To-do-Liste. mvg, München 2020
Das Licht des Himmels in dir. Märchen und Meditationen über den Sinn des Lebens. Kösel, München 2018
Bao und das Geheimnis der Gelassenheit. Heyne, München 2017

Füttere den weißen Wolf. Kösel, München 2016
Praxisbuch NLP. Südwest, München 2014
Die 7 Geheimnisse der Schildkröte. Den Alltag entschleunigen, das Leben entdecken. Heyne, München 2010

Geschichtenübersicht

Der wahre Freund 15
Vom Nutzen der Nutzlosigkeit 17
Der ungerechte König und die Macht der Freundschaft 22
Getrennte Seelen 25
Der einsame kleine Stern 31
Die Unkrautgärtnerin 35
Fridolins Reise 37
Die Wette 46
Maria und Marie 61
Der Löwe und die Maus 72
So viele Freunde 76
Der Elefant und seine Freunde 79
Der unscheinbare Schatz 91
Meister Wu oder das Geheimnis der Achtsamkeit 96
Das Geheimnis des Trapezkünstlers 99
Der Wind des Verzeihens 106
Nebelfreunde 110
Die Schiffbrüchigen 115
Ruhestörung 120
Marzipanpralinen 126
Pusteblume 129
Die kleinen Freunde 135
Das Geschenk und die Zeit 141
Das Geheimnis des Meisters 151
Freiheitskreise 153
Die Farben des Regenbogens 156
Das verhängnisvolle Fundstück 159
Die Lebensaufgabe 165

Übungsübersicht

Richte deinen Fokus auf deine Freunde 36
Was sind deine Prioritäten? 42
Dreimal täglich Leute ansprechen 51
Einige einfache Regeln für alltägliche Plaudereien 54
Genau wie ich … 57
»Möge ich glücklich sein« 66
Reflexion: Was muss sich ändern? 84
Gemeinsam im Augenblick sein 97
Mitgefühlstraining in Freundschaften 112
»Mögest du glücklich sein« 120
Miteinander reden, miteinander teilen 133
Achtsam online kommunizieren 138
Toleranz üben 145
Verbundenheits-Scan 163

Erstaunliche Weisheiten über das Glück

Im Kaffeehaus beschließen Max und Balduin, das Glück zu erforschen. Je genauer sie hinsehen, desto mehr entdecken sie, dass es in allem, auch in den kleinen Dingen um sie herum ist. Ihre zahlreichen, inspirierenden Erkenntnisse halten die beiden Freunde in einem Glücksbuch fest und verstehen nach und nach, dass man tatsächlich lernen kann, glücklich zu sein.

Diederichs

www.diederichs-verlag.de